英語の プレゼン
直前5日間の技術

愛場吉子 著

はじめに

私が初めて英語を使ってビジネスプレゼンテーションを行ったのは、忘れもしない2004年初夏、フランスで開かれたグローバルセールス会議でのことでした。とにかくパワーポイントに最低限伝えなければいけない情報を詰め込んで、ガチガチに緊張しながらスライドを読み、辛うじて自分のプレゼン枠を切り抜けたのを覚えています。

それから十数年。私自身、さまざまなビジネスプロフェッショナルのプレゼンを見聞きしてきました。進学したアメリカの大学院では多くのプレゼンの機会が与えられました。その後働いたニューヨークの職場の社員研修でアメリカ人の同僚たちと一緒にプレゼンのトレーニングを受け、また日英間のプレゼン通訳を担当する機会にも恵まれました。

プレゼン大国ともいわれるアメリカでのこれらの経験と学習を通じて、英語で行うプレゼンに関するノウハウを蓄積してきましたが、その私の目には、グローバル化が叫ばれる一方で英語の高いハードルの前でためらいを覚えている多くの日本人の姿が映ってきます。

この本では、日本で生まれ育ち、教えられたこともないのに突然英語でプレゼンをやらなければならなくなった方々を対象に、英語プレゼンの基本的な部分に焦点を当てて、必要な情報を提供していきます。

英語を自由に操れなかったころの自分自身を思い出し、私の受講生で、忙しい日々を送りながらも仕事で必要になった英語のコミュニケーション力向上のために勉強を続けている方々をイメージしながら執筆しました。「こういう基本的なアドバイスが欲しかった！」をかなえるプレゼン準備のための本書が、これから世界に飛び出し、新たな試練やチャンスに向かっていく皆さんに役立つことを願ってやみません。

愛場吉子

目　次

はじめに ……………………………………………………………… 002
英語のプレゼンは直前5日間で勝負！ ……………………………… 006
この本の使い方 ……………………………………………………… 008

本番まであと5日!!

作業前に確認しよう ………………………………………………… 015
黄金のプレゼン構成を押さえる …………………………………… 019
Introduction を作ろう ……………………………………………… 024

本番まであと4日!!

良いスライドの条件を知ろう ……………………………………… 043
スライドを作る(前半) ……………………………………………… 046
英文スクリプトを作る(前半) ……………………………………… 057

本番まであと3日!!

スライドを作る(後半) ……………………………………………… 073
英文スクリプトを作る(後半) ……………………………………… 079

本番まであと2日!!

Conclusion 基礎編	スライドを作る	095
	英文スクリプトを作る	099
Conclusion 応用編		105
Q&A対策をしよう		112

本番まであと1日!!

- 英語をもう一度チェックしよう ……………………………… 121
- デリバリー(伝え方)にこだわろう …………………………… 124
- チートシートを作成しよう …………………………………… 128
- リハーサルをしよう …………………………………………… 131

言いたいことをすぐ探せる!

場面別フレーズ集

- Introduction ……………………………………………… 134
- Main Body ………………………………………………… 139
- Conclusion ………………………………………………… 148

英語のプレゼンは直前5日間で勝負！

本書は、5日間であなたの英語プレゼンの準備を完了させることをゴールに、以下のように構成されています。「日本語版の資料ならある」「資料がないところから英語で作り始める」など、皆さんの置かれている状況によってかかる準備時間も変わりますが、モデル学習時間を参考に取り組んでください。

本番まであと5日!!
【まずはIntroductionから！】

作業前に確認しよう　15分
黄金のプレゼン構成を押さえる　30分
Introductionを作ろう　110分

本番まであと4日!!
【Main Bodyの作成に着手！】

良いスライドの条件を知ろう　5分
スライドを作る（前半）　60分
英文スクリプトを作る（前半）　120分

本番まであと3日!!
【Main Bodyはここで一通り完成！】

スライドを作る（後半）　30分
英文スクリプトを作る（後半）　125分

本番まであと2日!!
【Conclusionに加えQ&Aの対策も!】

Conclusion 基礎編
　　スライドを作る 30分
　　英文スクリプトを作る 60分
Conclusion 応用編 30分
Q&A対策をしよう 60分

本番まであと1日!!
【作ったプレゼンの最終確認!】

英語をもう一度チェックしよう 30分
デリバリー(伝え方)にこだわろう 30分
チートシートを作成しよう 60分
リハーサルをしよう 120分

さあ、プレゼン本番の日です!

ここまで来れば、後は自分を信じるだけ。オーディエンスの前で堂々と発表しましょう。

この本の使い方

この本のレッスンの特徴的な部分について解説します。

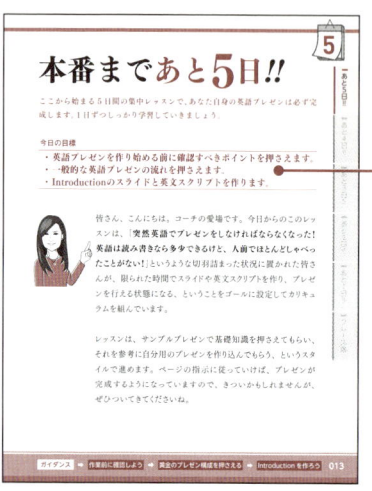

① 今日の目標
その日に学習する内容を箇条書きにしています。自分がこの日、何を学び、何を完成させるのか、把握しておきましょう。

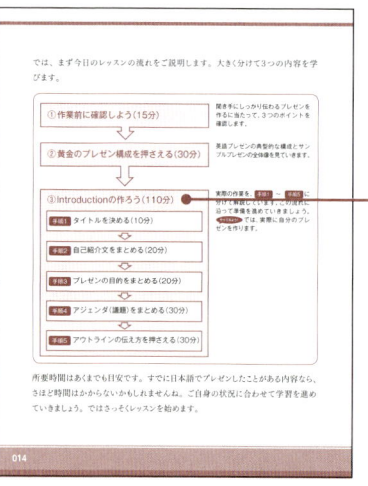

② タイムテーブル
その日のレッスンの構成と所要時間(=モデル学習時間)の目安です。取り掛かる前の参考にしてください。

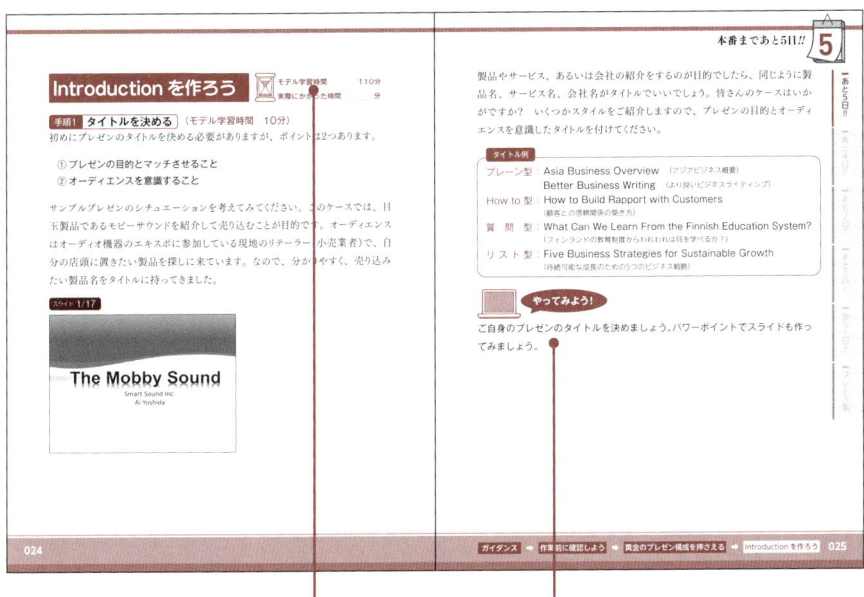

③ **モデル学習時間**
その項目を終えるのにどれくらいの時間を見ておけばいいのか、目安が記載されています。

④ **実際にかかった時間**
学習が終わったら、実際にかかった時間を記録しておきましょう。

⑤ **やってみよう！**
あなたが、ご自身のプレゼンを作成していくタスクです。パワーポイントのスライドを作るタスクでは、PCも必要です。

言いたいことをすぐ探せる！ 場面別フレーズ集

ここまでに紹介したフレーズと、追加で覚えておきたいものをリストにしています。CD音声では、フレーズが読まれた後にリピートのためのポーズが続きます。声に出して覚えるようにしましょう。

Introduction

自己紹介　● 35

○あいさつ

皆さん、こんにちは。
- Hello everyone.

おはようございます[こんにちは]、皆さん。
- Good morning[afternoon], ladies and gentlemen.

私のプレゼンへようこそ。
- Welcome to my presentation.

○参加してくれたことに感謝する

本日は私のプレゼンテーションにお越しくださり、ありがとうございます。
- Thank you for coming to my presentation today.

○名前・役職・会社名などを述べる

私は(吉田愛)と申します。(スマートサウンド社)で(セールスディレクター)をしています。
- My name is Ai Yoshida. I'm the sales director at Smart Sound Inc.

私は(スマートサウンド社)で(グローバルセールス)を担当しています。
- I'm in charge of the global sales department at Smart Sound Inc.

○自分の業績を述べる

私には(オーディオ機器の営業とマーケティング)で(10年を超える)経験がございます。
- I have over 10 years of experience in audio device sales and marketing.

プレゼンの目的を述べる　● 36

○何について話すか伝える

本日のプレゼンテーションの目的は、(わが社の素晴らしい新製品、モビーサウンドをご紹介する)ことです。
- The purpose of today's presentation is to introduce our exciting new product, the Mobby Sound.

無料特典ダウンロード

本書で紹介されている

- チートシートのフォーマット（pp.128-130）
- リハーサル用チェックシート（pp.131-133）

を無料でダウンロードいただけます。
また、付属CDと同内容の音声をダウンロードすることも可能です。

下記のサイトにアクセスし『しごとのミニマム英語③　英語のプレゼン直前5日間の技術』を選択、フォームに必要事項をご入力の上、送信いただくと、ダウンロードページURLのご案内メールが届きます。

ALC Download Center（ダウンロードセンター）
http://www.alc.co.jp/dl/

ダウンロードセンターで本書を探す場合、商品コード（7014065）を利用すると便利です。

スマートフォンで利用できるアプリ「語学のオトモ ALCO」もご案内しています。

＊本サービスの内容は予告なく変更する場合がございます。あらかじめご了承ください。

付属CDについて

- 弊社制作の音声CDは、CDプレーヤーでの再生を保証する規格品です。
- パソコンでご使用になる場合、CD-ROMドライブとの相性により、ディスクを再生できない場合がございます。ご了承ください。
- パソコンでタイトル・トラック情報を表示させたい場合は、iTunesをご利用ください。iTunesでは、弊社がCDのタイトル・トラック情報を登録しているGracenote社のCDDB（データベース）からインターネットを介してトラック情報を取得することができます。
- CDとして正常に音声が再生できるディスクからパソコンやmp3プレーヤー等への取り込み時にトラブルが生じた際は、まず、そのアプリケーション（ソフト）、プレーヤーの製作元へご相談ください。

本番まであと5日!!

ここから始まる5日間の集中レッスンで、あなた自身の英語プレゼンは必ず完成します。1日ずつしっかり学習していきましょう。

今日の目標
・英語プレゼンを作り始める前に確認すべきポイントを押さえます。
・一般的な英語プレゼンの流れを押さえます。
・Introductionのスライドと英文スクリプトを作ります。

皆さん、こんにちは。コーチの愛場です。今日からのこのレッスンは、「**突然英語でプレゼンをしなければならなくなった！英語は読み書きなら多少できるけど、人前でほとんどしゃべったことがない！**」というような切羽詰まった状況に置かれた皆さんが、限られた時間でスライドや英文スクリプトを作り、プレゼンを行える状態になる、ということをゴールに設定してカリキュラムを組んでいます。

レッスンは、サンプルプレゼンで基礎知識を押さえてもらい、それを参考に自分用のプレゼンを作り込んでもらう、というスタイルで進めます。ページの指示に従っていけば、プレゼンが完成するようになっていますので、きついかもしれませんが、ぜひついてきてくださいね。

ガイダンス ➡ 作業前に確認しよう ➡ 黄金のプレゼン構成を押さえる ➡ Introductionを作ろう

では、まず今日のレッスンの流れをご説明します。大きく分けて3つの内容を学びます。

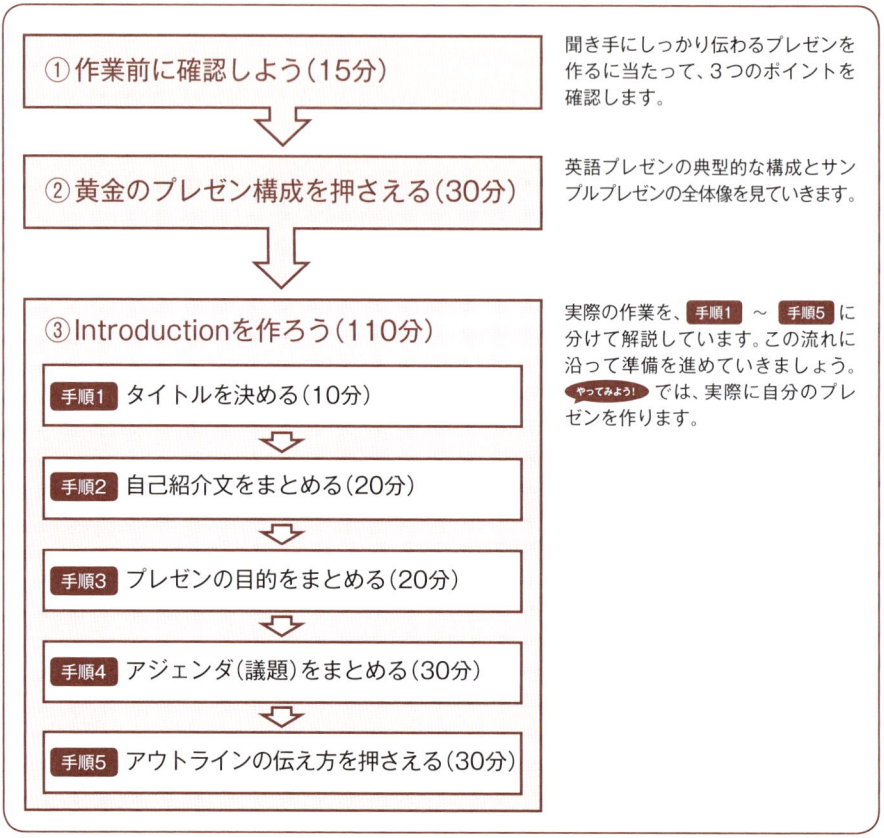

所要時間はあくまでも目安です。すでに日本語でプレゼンしたことがある内容なら、さほど時間はかからないかもしれませんね。ご自身の状況に合わせて学習を進めていきましょう。ではさっそくレッスンを始めます。

本番まであと5日!! 5

作業前に確認しよう

モデル学習時間　15分
実際にかかった時間　　　　分

1. プレゼンの目的は？

あなたのプレゼンの目的は何ですか？ 何かを売り込みたい？ 有益な情報をシェアしたい？ 予算の承認をしてほしい？ **アウトライン（大筋）を考え始める前に、プレゼンが終わったあとオーディエンスに何をしてほしいのか、を必ず明確にする必要があります。** これは、英語に限らずどんな言語のプレゼンにおいても欠かせないポイントです。目的別に大きく分けると、プレゼンのタイプは以下のように分類できます。

① 「情報共有」タイプ
　　（事業計画、業績や研究の発表など）

② 「説得」タイプ
　　（営業や、賛成・承認を得ることが目的）

本書のサンプルプレゼンでは、プレゼンの典型をカバーする目的で①②の2つを盛り込んだものを紹介しています。

③ 「デモンストレーション」タイプ
　　（製品やサービスの使い方紹介）

製品やサービスを実際に使って見せながらその機能やデザインなどをアピールすることを目的にしますので、①②に比べると説明しやすくなります。

④ 「インスピレーション」タイプ
　　（不特定多数の人に向けたプレゼン）

本書で扱うものとは少し性質が異なります。ストーリーを語りながら何かを訴え、聴衆の感情をつかんで直接・間接的に人を動かすことが目的のもので、TED(http://www.ted.com)のプレゼンはその代表例です。

あなたのプレゼンはどのタイプに当てはまりますか？　目的を明確にし、それを達成するという観点からプレゼンを作るように心掛けてください。

2. オーディエンスは誰？

プレゼンの目的は、オーディエンスに何らかのアクションを取ってもらうこと。そう考えると、効果的にプレゼンするためには以下の3つを理解することが重要です。

① オーディエンスのニーズ
② オーディエンスの責任と権限
③ オーディエンスがプレゼン内容に関してすでに持っている知識

①②③を理解した上で、最終的にその人たちに望んでいるアクションを取ってもらうには、どんな情報をどれだけ伝えるのが効果的かを考えましょう。

例えば、オーディエンスがモダンなインテリア雑誌の編集者たちで、自分たちの雑誌に掲載するアイデアを探しているとしたらどうでしょう？　自社製品を紹介するプレゼンターが用意するプレゼン資料にも、**彼らが「すてきだ！　ぜひ掲載したい！」と感じるレイアウト、写真、色、フォント使いの工夫**が必要になってきます。**プレゼンターの服装も、テーマや伝えたいイメージに沿ったモダンなものにすること**で訴求力アップが狙えます。一方、会社や部門の業績発表が目的ならば、**数字を分かりやすくグラフや表で表現し、その裏付けや原因、今後のアクションプランを正確に伝える内容とフォーマット**が必要です。

もちろん、それだけではありません。オーディエンスもプレゼンターと同じ人間です。難しくて退屈なプレゼンでは、聞いていても途中で集中力が切れてしまいます。プレゼンを作るときに、心掛けたいことが2つあります。

本番まであと5日!!

①分かりやすさ

あなたがプレゼンをする相手はどこの国の人でしょうか？　英語を母語とする人たち向けというケースもあれば、英語を第2外国語とする国で育った人向けに実施するケースも少なくないでしょう。言葉と文化が違う人たちを相手にプレゼンをするには、**アウトラインや表現を分かりやすくしなければなりません**。

②「飽きさせない」工夫

日本人は若いころから黙って最後まで辛抱強く人の話を聞くことに慣れている人が多いですが、違う文化圏から来たオーディエンスに同じことは期待できません。ただ、話術だけ、しかも英語で「飽きさせない」を実行するには限界があるでしょう。そんなときには、**「ビジュアル」「サウンド」「デモンストレーション」**の活用を考えてください。人の脳が新しい刺激を求め始めるといわれる10分間を過ぎる前に、これらの違った刺激を与えていくことがポイントです。

> 例　ワイヤレススピーカーについてのプレゼン
> - 製品を紹介するプロモーション動画をパワーポイントに挿入。
> - 実際の製品サンプルを使ってオーディエンスに聞かせる。
> - 環境、製品のタイプによっては、オーディエンスに直接手に取ってもらう、という参加型プレゼンも視野に入れる。

3. プレゼンに与えられた時間と環境は？

もう1つ、確認しておきたいことは、自分のプレゼンに与えられた時間と環境です。30分なのか、1時間なのか、**時間によって構成やカバーしたい内容も変わってきますよね**。ファシリティ(設備)をチェックすることも重要です。最近のビジネスのミーティングでは、プロジェクターでパワーポイントなどのプレゼン用ソフトウエアをスクリーンや会議室の壁に投影して実施することが非常に増えています。

ガイダンス ➡ 作業前に確認しよう ➡ 黄金のプレゼン構成を押さえる ➡ Introduction を作ろう

このレッスンでも、そうしたソフトウエアの中で現在最も使用頻度の高いパワーポイントを使ったスタイルで事例を紹介していきます。場合によってはこれらが使えないこともあるでしょう。そのときはハンドアウトとして配布するタイプの資料にする必要などがありますね。また、会場が広い部屋の場合、マイクやスピーカーの有無は特に要確認です。**環境を事前に確認しその環境で最大限効果の出るプレゼン準備をしましょう。**

以下の３つができているか、確認してから先に進みましょう。

- ☐ 自分の行うプレゼンの目的をはっきりさせた。
- ☐ オーディエンスが誰なのかを把握した。
- ☐ 自分のプレゼンに割り当てられた時間と、実施する環境を確認した。

黄金のプレゼン構成を押さえる

モデル学習時間　30分
実際にかかった時間　　　分

それではプレゼンの構成を一緒に考えていきましょう。プレゼンに含めるべき内容は、通常3つありますが、何だか分かりますか？

① Introduction（序論）
② Main Body（本論）
③ Conclusion（結論）

です。「なんだ、そんなこと知ってるよ」と思った方もいるかもしれません。でも、起承転結のルールをしっかり教えられて育った日本人の中には「**聞き手に何を伝えたいのか、何をしてもらいたいのか**」のメッセージを明確にしないまま、**プレゼンを進めてしまう人も少なくありません**。実は、私がニューヨークで仕事をしていたころによく目にした日本人のプレゼンがこれだったのです。最終的に相手にどうしてもらいたいのかを明確に伝えないまま背景を長々と説明し始めたプレゼンターに対し、しびれを切らした、あるいは意図を誤解した聞き手が、途中で的外れな質問をはさみ、結果、プレゼンの流れが壊れてしまったり、伝えようとしていることがうまく伝わらなかったりしたことがありました。

従って、プレゼンテーションの構成も、オーディエンスみんなにとって分かりやすい「Introduction – Main Body – Conclusion」の形で作るのが安全です。それでは、各段階の詳細を見ていきましょう。

これが黄金のプレゼン構成だ！

説得力のあるプレゼンの多くは、次のような構成になっています。まずはこの順序を意識して組み立ててください。

Introduction（序論）

Introductionに含める要素は、通常、以下の3点です。

① 自己紹介
② プレゼンの目的
③ プレゼンのアウトライン

Main Body（本論）

プレゼンの目的、タイプによりますが、Introductionで伝えたテーマを具体的に示すステージです。最も時間を割くべき部分なので、オーディエンスにとって分かりやすいよう、そして途中で飽きられてしまわないよう、可能であれば3つのトピック／テーマに分けて伝えていくことをお勧めします。3つに絞ることをお勧めする理由は、記憶できる容量には限りがあり、また集中力が続く時間にも限度があるからです。

選ぶ3つには特にルールはありませんが、よくあるのは、以下のようなパターンです。

① 背景　② 課題　③ 改善案
① トレンド　② 競合　③ 次の一手
① 問題点　② 解決案　③ コスト
① 背景　② 実績　③ 新戦略

Conclusion（結論）

Introductionで伝えた「プレゼンの目的」を達成するために、最後の一押しをするところですね。もう一度、Main Bodyで伝えてきた内容の中で特に強調したいところや重要な点を、まとめて伝えましょう。そしてオーディエンスが納得して次のアクション（契約を結ぶ、承認する、予算を取るなど）を取ってくれるような動機付けと最後のプッシュをします。

① プレゼンが終わりに近づいたことを告げる
② Main Bodyで伝えた内容を要約する
③ オーディエンスに期待するアクションを促す
④ お礼を言う
⑤ Q&A

まずは日本語で作ってOK！

プレゼンを最初から英語で組み立てるべきか、初めのうちは日本語で形にすべきか、とお悩みの方もいると思います。時間的な制約がある以上、まず母語である日本語で考えて作った方が効率的です。特に、Main Bodyの3つのトピックは、具体的にどんな情報を盛り込むか、その情報を何枚のスライドで紹介するかまで、いったん日本語で紙（慣れている人はパワーポイントのスライドでも構いません）に落とし込んでください。すでに日本語のプレゼン資料があるなら、それを活用することもできますね。

この構成に則ったサンプルプレゼンを見てみましょう⇒

サンプルプレゼンの全体像

本書でご紹介するのは、プレゼン構成の黄金ルールに則って作られた、汎用性の高いサンプルです。今日はIntroductionの部分を取り上げます。

プレゼンの背景

シンガポールで開かれる、オーディオ機器分野のエキスポに出店したスマートサウンド社のセールスディレクター、吉田愛は、ブースを訪れる現地のリテーラー（小売業者）向けに新製品のワイヤレスモバイルスピーカー：モビーサウンドについて、プレゼンをすることになった。

プレゼンの構成

Introduction （4分）
- 自己紹介　スライド1/17
- プレゼンの目的
- アウトラインの説明　スライド2/17

　　　　　　　　　　　　　　　　　今日学習します

Main Body （18分）
- トピック1：会社概要　スライド3/17
  - スマートサウンド社は何を提供する会社か？　スライド4/17
  - 会社の沿革、拠点などの基本データ　スライド5/17
  - 会社の売り上げ実績、市場シェア　スライド6/17

- トピック2：市場トレンドと顧客ニーズ　スライド7/17
  - 市場概要、市場規模とポテンシャルについて　スライド8/17
  - 調査に基づいた顧客ニーズ　スライド9/17
  - 顧客ニーズを満たすべく開発された新製品　スライド10/17

「本番まであと4日!!」で学習します

本番まであと5日!!

トピック3：新製品モビーサウンドの
　　　　　具体的な説明　　スライド11/17
　・本製品の主な特長　　スライド12/17
　・競合製品との比較　　スライド13/17
　・本製品のさまざまな用途、活用例　　スライド14/17
　・本製品のビジネスシーンでの利用方法　　スライド15/17

「本番まで
あと3日!!」
で学習します

Conclusion　（8分［3分＋Q&A 5分］）
　・プレゼンが終わりに近づいたことを告げる
　・Main Bodyで伝えた内容を要約する　　スライド16/17
　・オーディエンスに期待するアクションを促す
　・お礼を言う
　・Q&A　　スライド17/17

「本番まで
あと2日!!」
で学習します

※ スライド は、その項目に対応するスライドが用意されていることを示しています。

項目のすべてにスライドが必要というわけではありません。ただ、慣れない英語でのプレゼンという状況下では、スライドをガイドにして進めることで、パニックに陥ることを防ぐという利点もあるんですよ。

それでは、Introductionの学習を始めましょう⇒

ガイダンス ➡ 作業前に確認しよう ➡ 黄金のプレゼン構成を押さえる ➡ Introduction を作ろう

Introduction を作ろう

モデル学習時間　　　110分
実際にかかった時間　　　　分

手順1　タイトルを決める（モデル学習時間　10分）

初めにプレゼンのタイトルを決める必要がありますが、ポイントは2つあります。

① プレゼンの目的とマッチさせること
② オーディエンスを意識すること

サンプルプレゼンのシチュエーションを考えてみてください。このケースでは、目玉製品であるモビーサウンドを紹介して売り込むことが目的です。オーディエンスはオーディオ機器のエキスポに参加している現地のリテーラー（小売業者）で、自分の店頭に置きたい製品を探しに来ています。なので、分かりやすく、売り込みたい製品名をタイトルに持ってきました。

スライド 1/17

製品やサービス、あるいは会社の紹介をするのが目的でしたら、同じように製品名、サービス名、会社名がタイトルでいいでしょう。皆さんのケースはいかがですか？ いくつかスタイルをご紹介しますので、プレゼンの目的とオーディエンスを意識したタイトルを付けてください。

> **タイトル例**
>
> プレーン型：Asia Business Overview （アジアビジネス概要）
> 　　　　　　Better Business Writing （より良いビジネスライティング）
> How to 型：How to Build Rapport with Customers
> 　　　　　　(顧客との信頼関係の築き方)
> 質　問　型：What Can We Learn From the Finnish Education System?
> 　　　　　　(フィンランドの教育制度からわれわれは何を学べるか？)
> リ ス ト 型：Five Business Strategies for Sustainable Growth
> 　　　　　　(持続可能な成長のための5つのビジネス戦略)

ご自身のプレゼンのタイトルを決めましょう。パワーポイントでスライドも作ってみましょう。

手順2　自己紹介文をまとめる　（モデル学習時間　20分）

自己紹介のスライドは、プレゼンの目的によって作る場合も作らない場合もあります。今回のモビーサウンドのプレゼンではどうでしょう？　そうですね、目的は新製品の紹介であり、プレゼンターそのものの経験やバックグラウンドではないので、自己紹介のスライドは不要です。またプレゼンターそのものがスライド代わりとも言えます。ですから、自己紹介はプレゼンのタイトルスライドを表示した状態で話します。

一般的に伝える内容は、自分の名前、所属や役職などです。英語力に自信がある人は、"Why me?（なぜ私がプレゼンターか？）"すなわち、自分が今日この場でプレゼンすることが、聞き手にとってどのような意義を持つことなのかを伝えるために、業界における自分の経験や専門分野について多少話しても良いでしょう。英語圏の多くの国では自信を持ったプレゼンターが好まれますので、ここでは奥ゆかしさを重んじる日本の心を多少忘れる勇気が必要です。

では、自己紹介の例を見てみましょう。①〜④の流れを押さえておくとスムーズです。色の付いている部分をアレンジすればご自分用にカスタマイズすることもできます。

本番まであと5日!!

 01

① あいさつ
- Hello everyone.
  (皆さん、こんにちは)
- Good morning[afternoon], ladies and gentlemen.
  (おはようございます[こんにちは]、皆さん)

② 参加してくれたことへの感謝
- Welcome to my presentation.
  (私のプレゼンへようこそ)
- Thank you for coming to my presentation today.
  (本日は私のプレゼンテーションにお越しくださり、ありがとうございます)

③ 名前・役職・会社名など
- My name is Ai Yoshida. I'm the sales director at Smart Sound Inc.
  (私は吉田愛と申します。スマートサウンド社でセールスディレクターをしています)
- I'm in charge of the global sales department at Smart Sound Inc.
  (私はスマートサウンド社でグローバルセールス部の責任者を務めています)

④ 自分の業績・責任(省略可)
I have over 10 years of experience in audio device sales and marketing, and in that time I've been accumulating knowledge about audio tools and their applications, hoping to change people's lives to make them more convenient and fun.
(私はオーディオ機器の営業とマーケティングで10年を超える経験がございます。その間、人々の生活をより便利で楽しいものに変えられたらと願い、オーディオツールとその活用に関する知識を蓄積してきました)

ガイダンス ➡ 作業前に確認しよう ➡ 黄金のプレゼン構成を押さえる ➡ Introduction を作ろう　027

手順3　プレゼンの目的をまとめる　（モデル学習時間　20分）

Introduction内で最も重要なのが、「プレゼンの目的」をしっかりと伝えることです。すなわち、結論で言おうとしているキーメッセージを序論にも盛り込むことが効果的なのです。**このプレゼンが終わったとき、オーディエンスにどうなっていてほしいか、どんなアクションを取ってもらいたいのか、をはっきり伝えましょう。** 例えば、会社の問題点を理解して改善策に協力してほしい、会社や製品の価値を理解して契約してほしい、などです。これを初めに提示することにより、オーディエンスはプレゼンの狙いを理解し、自分の判断材料となる、その後の詳しい内容＝Main Body(本論)に耳を傾けてくれます。

英語のネイティブスピーカー、あるいは、英語力に自信がある方でしたら、結論を最後まで隠しても、トーク術でオーディエンスの関心を最後まで維持できるかもしれませんが、初めて英語でプレゼンをする方には、伝えたいキーメッセージを始めの段階で伝えておくことをお勧めします。

では、サンプルプレゼンの例を見てみましょう。スライドはまだトップのタイトルのままで話を続けます。スクリプトは、**基本的に①②の流れで2文あればいいでしょう。** 色の付いている部分をアレンジすれば、自分の英文スクリプトとして活用できます。

本番まであと5日!!

🔴 02

① **何について話すか伝える**

- The purpose of today's presentation is to introduce our exciting new product, the Mobby Sound.
  （本日のプレゼンテーションの目的は、わが社の素晴らしい新製品、モビーサウンドをご紹介することです）
- Today, I'm going to talk about our exciting new product, the Mobby Sound.
  （本日は、わが社の素晴らしい新製品、モビーサウンドについてお話しいたします）
- Today, I'm here to introduce our exciting new product, the Mobby Sound.
  （本日私がここにおりますのは、わが社の素晴らしい新製品、モビーサウンドをご紹介するためです）

② **オーディエンスにどうなってほしいか伝える**

- After my presentation, you will understand why you should stock this product in your store.
- At the end of my presentation, you will understand why you should stock this product in your store.
  （このプレゼンテーションの終了後／終わりには、なぜこの製品をあなたのお店に仕入れるべきか、ご理解いただけると思います）
- By the end of my speech, you'll have the information that will make you want to stock this product in your store.
  （このスピーチが終わるまでに、この製品をあなたのお店に仕入れたくなる情報を得るでしょう）

プレゼンの目的をスライドで示す場合

サンプルプレゼンでは、「製品の紹介とその売り込み」という目的があまりに明確で、また、1枚目のタイトルスライドと内容がほぼかぶっているため、目的を書いたスライドは作っていません。もし、下記のように違うタイプの目的である場合は、プレゼンの目的だけを記したスライドを1枚入れるのも効果的です。

Objective
How to Successfully Facilitate Business Meetings for Effective Outcomes

目的
効果的な結果を得るためにビジネスミーティングをうまく運営する方法

本番まであと5日!!

手順4　アジェンダ(議題)をまとめる　（モデル学習時間　30分）

Introductionの最後に、プレゼンのアジェンダ(議題)を提示しましょう。これを基に、プレゼンテーションをどのように進めていくかをオーディエンスに示すのです。状況によっては、資料として配布するものいいですね。アジェンダの代わりにOutline of Presentation(プレゼンの概要)とかTable of Contents(目次)という言葉を使ってもOKです。

それでは、まずアジェンダのスライド2つを見比べてみましょう。どちらが良い例か分かりますか?

Agenda A	Agenda B
2014 Business Review	2014 Business Review
1. 2014 YTD Business Status	1. Business status until now in 2014
2. Quarter in Detail	2. Reporting quarterly results in detail
3. Segment Analysis	3. How did each segment perform?

2014年　経営概観
1. 2014年 現在までの経営状態
2. 四半期の詳細
3. セグメント解析

2014年　経営概観
1. 2014年の現在までの経営状態
2. 四半期の業績を詳細に報告すること
3. 各セグメントの業績はどうだったか?

そうですね、Agenda Aが良い例です。ではAgenda Bはどこが良くないのでしょう?　問題点は3つあります。

ガイダンス　➡　作業前に確認しよう　➡　黄金のプレゼン構成を押さえる　➡　Introductionを作ろう

① 品詞・文体がそろっていない
② 長過ぎる
③ 表記上のルールに従っていない

良いアジェンダを作るためには、この3つを解決しなければなりません。サンプルプレゼンのスライドを見ながら説明します。

スライド 2/17

Agenda

1. Who is Smart Sound?

2. How Attractive is the Mobile Speaker Market?

3. What Can the Mobby Sound Do?

4. Q & A

アジェンダ

1. スマートサウンドとは何者？
2. モバイルスピーカー市場はどれだけ魅力的なのか？
3. モビーサウンドは何ができるのか？
4. 質疑応答

Agenda Bで挙げた3つの問題点に即して、Agendaを作るときのコツを整理します。

① 品詞・文体

オーディエンスが理解しやすいように品詞・文体をそろえることが最優先事項です。サンプルスライドの例は、すべて疑問詞で始まる文でそろえていますが、必ずしも疑問文にする必要はありません。もちろん、以下のように名詞句でそろえて同

じ意味を表すこともできます。

- Who is Smart Sound?
  ⇒ **Smart Sound Company Profile**（スマートサウンドの会社概要）
- How Attractive is the Mobile Speaker Market?
  ⇒ **The Growing Mobile Speaker Market**（成長するモバイルスピーカー市場）
- What Can the Mobby Sound Do?
  ⇒ **The Mobby Sound's Product Features**（モビーサウンドの製品特性）

② **長さ**

One slide, one message.（1枚のスライドに1つのメッセージ）という言葉を聞いたことがある人は少なくないと思います。タイトルでは、そのスライドで最も伝えたいことだけを、簡潔に表しましょう。日本語であらかじめ作っておいたプレゼンのタイトルを英訳するときに陥りやすいのは、見出しの長さの問題です。プレゼンの中で説明をすることを考え、エッセンスとなるところだけを取り出してタイトルに持っていきましょう。パワーポイントのスライドは、余白が広ければ広いほど、すっきりと見やすくなりますよ。

> **例**　「2014年現在までの日本支社の売り上げ状況」の英訳
> ⇒ Sales Status of the Japan Branch from the Beginning of the Year 2014 to Now（×）
> ＊直訳では長過ぎる。
> ⇒ 2014 YTD Japan Sales Update　（○）
> ＊短いながらも「いつの時点の」「どこにおける」「何」が分かるようになっている。

社内や業界でよく使われる省略表現は、使えると便利です。ただあくまでオーディエンスが誰かを考慮して使うかどうかを決めましょう。

> 例　FY＝fiscal year（会計年度）
> YTD＝year-to-date（当会計年度の頭から今日まで）
> LY＝last year（前年）
> YOY＝year on year（対前年比で）
> GAAP＝generally accepted accounting principles（会計原則）
> EBIT＝earnings before interest and taxes（金利税引前利益）

③ 表記上のルール

・前置詞や冠詞以外の単語は基本的に頭文字を大文字にしましょう。

> 例　Stores by Category（カテゴリーごとのストア数）

・繰り返しや、明らかな情報は省略しましょう。例えばプレゼンの内容が日本市場についてだということが明らかなら、すべてのスライドにJapanと表記する必要はありませんよね。

 やってみよう！

スライドタイトルの付け方を学んだところで、皆さんのアジェンダのスライドも作ってみてください。プレゼンのタイトルの付け方（p. 24）を参考にしてください。

> アジェンダで示した項目に沿って、後でMain Bodyを肉付けしていきます。3つのトピックそれぞれにどんな情報を盛り込むのか、その情報を何枚のスライドに落とし込むのかも決めて、箇条書きしておきましょう。

手順5 アウトラインの伝え方を押さえる （モデル学習時間 30分）

さて、ここからはアウトラインの伝え方の学習です。スライドに表示されているものをそのまま読むだけでは寂しいですよね。次に述べる①〜⑤の流れを確認しながら、簡単なつなぎ表現を覚えましょう。

◎ 03

① 切り出し
Let's look at today's agenda.
（本日のアジェンダを見てみましょう）

② スライドの大枠を紹介
Here is what I'm going to talk about in this presentation.
I have divided my speech into three parts.
（こちらが、このプレゼンテーションで私がお話しすることです。話の内容は3つに分かれています）

③ コンテンツを順番に説明
- First, _____. Second, _____. Finally[And then], _____.
- First, _____. And then, _____. Finally, _____.
- First, _____. Next, _____. Finally[And then], _____.

（最初に…。それから…。最後に…）

この空欄には、実際にアジェンダに載せたトピックをそのまま入れるのが安全ですが、英語力に多少自信がある方は、First, などの後ろを I'll discuss ~、I'll talk about ~、I'll show you ~、I'll illustrate ~、I'll explain ~、I'll review ~ などのように「主語＋動詞」の形で続けても良いでしょう。

例 First, I'll explain the market research findings.
（まず市場調査結果について説明します）

④ 所要時間を説明

- I'll be speaking for about ～ minutes.
（これから～分ほどお話しいたします）
- My presentation will last approximately ～ minutes.
（私のプレゼンテーションの所要時間はおよそ～分です）

⑤ 質問を受け付けるタイミングを説明

＜最後にまとめて質問を受ける場合＞

- We'll have a question and answer session at the end of the presentation.
（プレゼンの最後に質疑応答の時間を設ける予定です）
- If you have any questions, I'd be happy to answer them in a question and answer session afterward.
（もしご質問がありましたら、後ほど質疑応答のセッションの中で、回答させていただきます）

＜随時受け付ける場合＞

Please feel free to ask questions during my presentation.
（プレゼンの間でもいつでも質問してください）

英語力にあまり自信がない人は、プレゼンの最後にまとめて質疑応答の時間を設ける方が無難です。いずれにしても予想される質問に対する答えは準備しておく必要があります。p. 112で、Q&Aの対応方法についてお話しいたします。

では、ここまで学習した手順に則って作ったサンプルプレゼンのIntroductionを見てみましょう。

サンプルプレゼンのIntroduction

スライド 1/17

> The Mobby Sound
> Smart Sound Inc.
> Ai Yoshida

◉ 04

Hello everyone.

Welcome and thank you for coming to my presentation today.

My name is Ai Yoshida. I'm the sales director at Smart Sound Inc.

I have over 10 years of experience in audio device sales and marketing, and in that time I've been accumulating knowledge about audio tools and their applications, hoping to change people's lives to make them more convenient and fun.

The purpose of today's presentation is to introduce our exciting new product, the Mobby Sound.

After my presentation, you will understand why you should stock this product in your store.

皆さん、こんにちは。
本日は私のプレゼンテーションにお越しくださり、どうもありがとうございます。
私は吉田愛と申します。スマートサウンド社でセールスディレクターをしています。
私はオーディオ機器の営業とマーケティングで10年を超える経験がございます。その間、人々の生活をより便利で楽しいものに変えられたらと願い、オーディオツールとその活用に関する知識を蓄積してきました。
本日のプレゼンテーションの目的は、わが社の素晴らしい新製品、モビーサウンドをご紹介することです。
このプレゼンテーションの終了後には、なぜこの製品をあなたのお店に仕入れるべきか、ご理解いただけると思います。

Agenda

1. Who is Smart Sound?
2. How Attractive is the Mobile Speaker Market?
3. What Can the Mobby Sound Do?
4. Q & A

Let's look at today's agenda.

Here is what I'm going to talk about in this presentation. I have divided my speech into three parts.

First, "Who is Smart Sound?" For those of you who are not so familiar with Smart Sound, I'd like to tell you a little about our company.

Next, "How attractive is the mobile speaker market?" I'll give an overview of the market, and share the findings of our market research about mobile speakers, so that you'll understand the market and the latest customer needs.

And then, "What Can the Mobby Sound Do?" You'll hear about its fantastic features in comparison with its competitors, and its wide variety of usages to suit different life styles and different settings, such as those found in daily life or in academic or business environments.

I'll be speaking for about 25 minutes, and we'll have a question and answer session at the end of the presentation.

本日のアジェンダを見てみましょう。
こちらが、このプレゼンテーションで私がお話しすることです。話の内容は3つに分かれています。
初めは「スマートサウンドとは何者？」です。スマートサウンド社をあまりご存じない方向けに、当社の概要を少しお伝えいたします。

本番まであと5日!!

次に「モバイルスピーカー市場はどれだけ魅力的なのか？」です。市場の概要をお伝えし、モバイルスピーカーに関するわが社の市場調査結果を共有いたします。それにより市場と最新の顧客ニーズをご理解いただけると思います。

それから「モビーサウンドは何ができるのか？」です。モビーサウンドの優れた製品特性を、競合他社と比較しながら説明し、また、日常生活もしくは学校やビジネスの環境といった異なったライフスタイルや状況に合った、モビーサウンドの幅広い用途についてお話しします。

私はこれから25分ほどお話をさせていただき、プレゼンの最後に、質疑応答のセッションを設ける予定です。

やってみよう！

1. 自分のプレゼン用のIntroductionのスクリプトを 手順1 〜 手順5 （pp. 24-36）を参考に作ってください。
2. 1で作った英文を下記のステップに沿って練習してください。

   Step 1：全体を音読する。(2回)
   Step 2：1文ずつスクリプトを瞬時に見て内容を確認し、話すときは顔を上げ、スクリプトをできるだけ見ずに話す。(2回)
   Step 3：自分で作ったスライドを見ながら、自己紹介、プレゼンの目的、アジェンダの各パートを、スクリプトをできるだけ見ずに続けて話す。(3回)

オーディエンスは、あなたがどんなプレゼンターなのかをIntroductionで観察してくるでしょう。ポジティブな印象を持ってもらうためにも、自信を持って話せるよう練習してください。

本番まであと4日!!

本日から2日間にわたって、プレゼンで一番肝心なMain Body（本論）を学習していきます。今日はその前半。Main Bodyで取り上げる3つのトピックのうちの、最初の2つについてご説明します。

今日の目標
- Main Bodyのスライド、英文スクリプト作成の要領を理解します。
- Main Bodyのスライド、英文スクリプトを実際に作ります。

Main Bodyは、プレゼンの目的によってさまざまな内容やスタイルが考えられますが、どのようなタイプにも共通するのは、Introductionで伝えたプレゼンの目的を達成するのに必要な情報を盛り込み、それを効果的に伝えることです。

Main Bodyではアジェンダのスライドで掲げた3つの各トピックを掘り下げていきます。p. 34の やってみよう! では、皆さんご自身のプレゼンのアジェンダを作ってもらいました。先に進む前に、各アジェンダを、以下の観点から今一度確認しておきましょう（pp. 20-23も参考にしてください）。

① プレゼンの目的を達成できる内容になっているか
② どんな情報を盛り込むつもりか
③ その情報を何枚のスライドに落とし込むつもりか

ガイダンス ➡ 良いスライドの条件を知ろう ➡ スライドを作る ➡ 英文スクリプトを作る

今日の学習の流れは、以下の通りです。

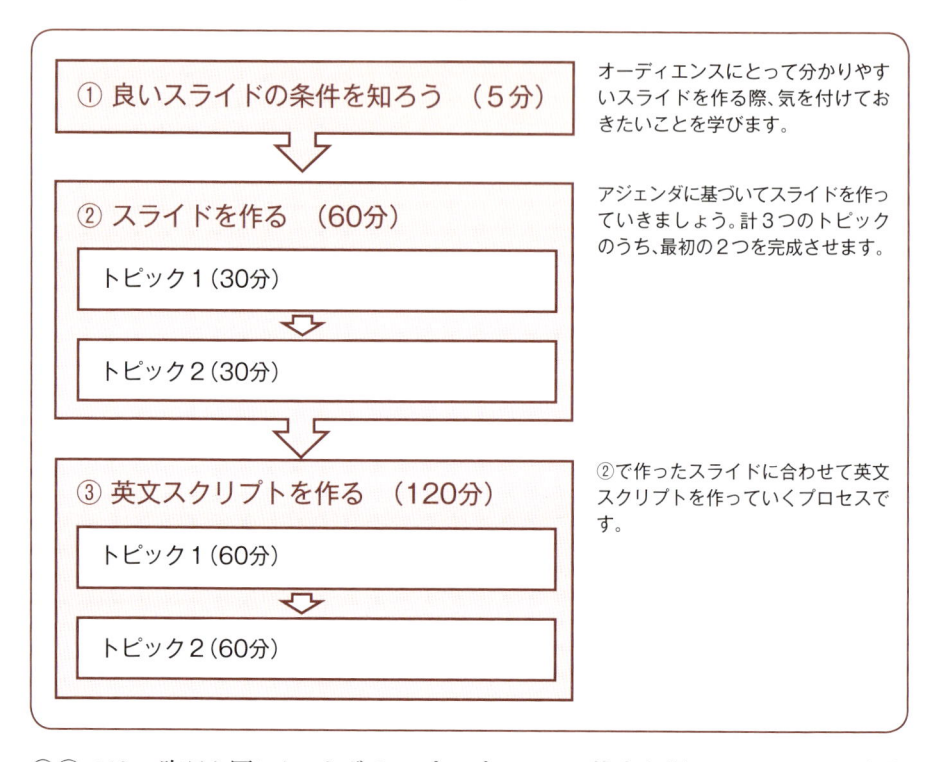

① 良いスライドの条件を知ろう （5分）	オーディエンスにとって分かりやすいスライドを作る際、気を付けておきたいことを学びます。
② スライドを作る （60分） 　トピック1（30分） 　トピック2（30分）	アジェンダに基づいてスライドを作っていきましょう。計3つのトピックのうち、最初の2つを完成させます。
③ 英文スクリプトを作る （120分） 　トピック1（60分） 　トピック2（60分）	②で作ったスライドに合わせて英文スクリプトを作っていくプロセスです。

②③では、昨日と同じく、まずサンプルプレゼンで基本を押さえ、それから自分のプレゼンの対応する部分を作っていくというスタイルで進めていきましょう。

良いスライドの条件を知ろう

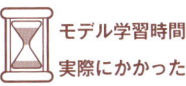

モデル学習時間　　5分
実際にかかった時間　　　分

Main Body のスライドは、

① タイトル
② 箇条書き、図、表
③ 補足説明

の3つから構成されています。まずはそれぞれの作成のポイントについて押さえておきましょう。

① タイトル

1スライド1メッセージ、昨日のレッスンに出てきましたが覚えていますか？ スライドのタイトルは、そのスライドで伝えたいメッセージを簡潔にまとめたものにしましょう。

例えば、会社の好調な業績を伝えようと思って、売り上げ推移のグラフを載せるとします。皆さんだったら、どんなタイトル（メッセージ）を付けますか？ 以下のi）、ii）のどちらが適切かを考えてみてください。

> i) Business Performance （業績）
> ii) Our Business is Growing Steadily （わが社の業績は順調に伸びている）

いかがですか？ ii）の方が、何を言いたいのかが明確に伝わりますよね。i）

も決して間違いというわけではありませんが、i)が「業績についてお話しします。グラフを見てください」というアプローチに対して、ii)は「わが社の業績は順調に伸びています。その根拠となるグラフを見てください」と、オーディエンスにとって、より分かりやすいタイトルになっていますね。実は、こうしたタイトルを付けると、聞き手に伝わりやすいだけでなく、結局そのスライドで何が言いたいかをスライドを見せるだけで伝えられるという、英語に自信のない人にはうれしい効果(!)もあります。

② 箇条書き、図、表

箇条書き、図や表のデータは、①のタイトルのメッセージの根拠を伝える道具としてよく使われます。そのデータが具体的に何を表しているか、見出しを忘れずに付けましょう。

> 例
> - Size of the Online Gaming Market 2013-2016
>   （2013年から2016年までのオンラインゲーム市場の規模）
> - FY14 Latest Wholesale Estimate
>   （2014年度 最新の卸売り上げ予想）

なお、これらのグラフなどの見出しをついつい、スライド自体のタイトルに使いたくなってしまうのですが、できるだけそれは避けてください。①で述べた「何を伝えたいか」というメッセージが伝わりづらくなります。

③ 補足説明

補足説明は口頭で伝えてもいいですが、ちょっと自信がないという場合は箇条書きなどにして記しておくと本番も安心ですね。グラフなどは、必要に応じて出典を明示すると良いでしょう。

⚠ 表記上の注意点

プレゼンの内容はとても良いのに、なぜかいま一つパッとしないスライドを見たことはありませんか？　それらは、よく見ると、情報量が多過ぎたりフォントや色遣いが統一されていなかったりするものです。よりプロフェッショナルな、そして訴求力あるスライドを作るためには、以下の2点に注意してフォーマットを整えましょう。

① 文字数

各スライドの文字数が多過ぎると、読みにくく、メッセージも明確には伝わりません。「1枚に1つのメッセージ」と「それを裏付けるデータ」というスライド作成の指針をお伝えしましたね。基本はその構造で、最低限の情報量にとどめましょう。箇条書きにする場合も目安として最大7行まで、1行当たり10ワードまでに抑えるようにしましょう。

② フォントの種類、サイズ、色の統一

フォントの種類やサイズがバラバラだと、非常に見にくく、せっかくのプロフェッショナルなコンテンツが安っぽく見えてしまいます。テーマに合ったフォントやデザインを使用し、全体の統一感を考えて、フォントサイズ、色合いを決めていきましょう。

スライドを作る

モデル学習時間	60分
実際にかかった時間	＿＿分

では、スライド作成の基本をご理解いただいたところで、サンプルプレゼンのMain Body前半のスライドを見ていきます。ここで大きな流れを学んでから、ご自身のスライドを作ってみましょう。まずサンプルプレゼンのMain Bodyの構成を振り返ります。

Main Body

- トピック1：会社概要　スライド3/17
  - スマートサウンド社は何を提供する会社か？　スライド4/17
  - 会社の沿革、拠点などの基本データ　スライド5/17
  - 会社の売り上げ実績、市場シェア　スライド6/17

- トピック2：市場トレンドと顧客ニーズ　スライド7/17
  - 市場概要、市場規模とポテンシャルについて　スライド8/17
  - 調査に基づいた顧客ニーズ　スライド9/17
  - 顧客ニーズを満たすべく開発された新製品　スライド10/17

　　　　　　　　　　　　　　　　　　　　　　今日学習します

- トピック3：新製品モビーサウンドの具体的な説明　スライド11/17
  - 本製品の主な特長　スライド12/17
  - 競合製品との比較　スライド13/17
  - 本製品のさまざまな用途、活用例　スライド14/17
  - 本製品のビジネスシーンでの利用方法　スライド15/17

　　　　　　　　　　　　　　　　　　　　　　「本番まであと3日!!」で学習します

では、サンプルプレゼンのスライドを見ていきましょう⇒

本番まであと4日!!

> **トピック1** **会社概要**(スライド計4枚) （モデル学習時間　30分）

会社概要は、皆さんの英語プレゼンにおいて、伝える機会の多い内容でしょう。これから自分の会社と取引することに興味を持ってもらう上では欠かせないトピックですが、自分が統括・所属している部門の概要や実績を本社に伝える、といった社内向けの目的も考えられます。

> **スライド3/17** **ディバイダー**

30分や1時間に及ぶ長いプレゼンを聞いていて、途中、どこの話をしているか分からなくなった経験をお持ちの方もいらっしゃると思います。**オーディエンスが迷子になることを防ぐために、各トピックの始まりには、以下のような「ディバイダー」を入れましょう。** 現在プレゼンのどの辺りにいるのか、オーディエンスに把握してもらいながらプレゼンを進めるのがポイントです。

1. Who is Smart Sound?

1. スマートサウンド社とは何者？

> **作り方のヒント**

- ディバイダーには、アジェンダのスライドで挙げたトピックのタイトルが入ります。内容が一致していることを確認してください。

＊p.32に、このサンプルプレゼンのアジェンダスライドがあります。

ガイダンス ➡ 良いスライドの条件を知ろう ➡ スライドを作る ➡ 英文スクリプトを作る

> **スライド 4/17**　スマートサウンド社は何を提供する会社か？

次のスライドには、30秒で何をする会社かが分かるような情報を用意します。下のサンプルスライドはオーソドックスな例です。会社名をタイトルにし、その下に、会社のミッションステートメントと、イメージをつかんでもらうための写真(自社製品を持って自由に踊る人の写真)を載せています。

Smart Sound Inc.

We create innovative ways of making people's lives more convenient and fun with our high-performance audio devices.

スマートサウンド社

われわれは、高性能オーディオ機器の提供を通じ、人々の生活をより便利で楽しいものにする革新的な道を創造します。

作り方のヒント

- 音声、動画などと組み合わせることもあります。
  （入手可能であれば会社概要のショートムービーを流す手もあります）

本番まであと4日!!

> **スライド 5/17**　会社の沿革、拠点などの基本データ

今回のプレゼンの焦点は、新製品を売り込む部分（製品の紹介）にあるため、会社概要はこのスライドに集約してボリュームを押さえています。もし会社概要そのものが目的のプレゼンテーションである場合は、ここに書かれている項目のうち、特にアピールしたいもの3つをトピックにし（例えば、沿革、製品ラインアップ、売り上げ実績など）、それぞれについて詳しく説明するといいでしょう。

Industry-Leading Reliability with over 20 Years of History

Company Profile

Founded:	April 24, 1989
Products:	Audio speakers and headphones
Employees:	1,000+ (as of April 2014)
Head Office:	Minato-ku, Tokyo, Japan
Overseas Offices:	NY, LA, London, Seoul, Shanghai, Hong Kong
Global Retail Sales:	US$200 million (FY2013)　+18% vs 2012

* $1 = 100 JPY

20年を超える歴史を誇る業界屈指の信頼性

会社概要

設立：1989年4月24日
製品：オーディオスピーカーとヘッドフォン
従業員数：1000人強（2014年4月現在）
本拠地：東京都港区
海外拠点：ニューヨーク、ロサンゼルス、ロンドン、ソウル、上海、香港
世界での小売売上高：2億USドル（2013年度）2012年度と比べて18%増
＊1ドル100円

> **作り方のヒント**

- スライドに載せる情報はできるだけ少なく（ただし、英語に自信がない場合は、スライドをチラ見しながら伝えられるよう、上のサンプル程度であればデータを詰め込んでも構いません）。

ガイダンス ➡ 良いスライドの条件を知ろう ➡ スライドを作る ➡ 英文スクリプトを作る

スライド 6/17　会社の売り上げ実績、市場シェア

売り上げ実績や市場でのシェアは、会社をアピールする上で重要な情報です（サンプルプレゼンでは、オーディエンスが小売店のバイヤーなので特に重要です）。実績値などをそのまま数字だけで表記しても伝わりにくい場合は、訴求力のあるグラフで表現するといいでしょう。

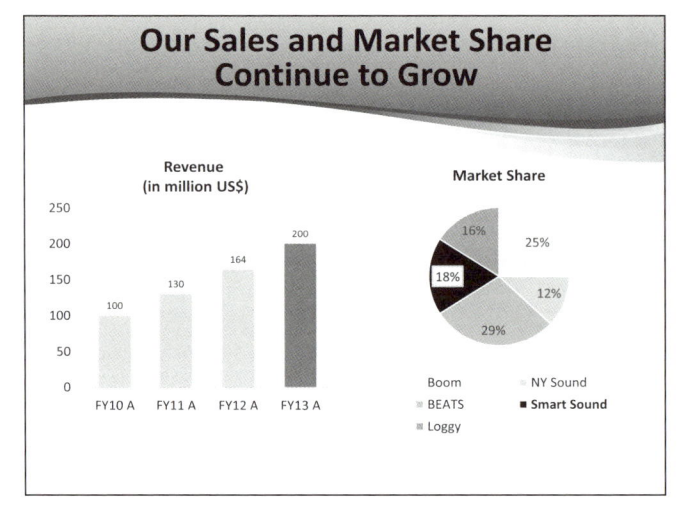

Our Sales and Market Share Continue to Grow

Revenue (in million US$)

FY10 A	FY11 A	FY12 A	FY13 A
100	130	164	200

Market Share

- Boom: 25%
- NY Sound: 12%
- BEATS: 29%
- Smart Sound: 18%
- Loggy: 16%

わが社の売り上げと市場シェアは成長し続けます。

収益(百万USドル)/市場シェア

10〜13年度実績(Actual)

作り方のヒント

伝えたいメッセージを効果的に伝えてくれるフォーマットを選びましょう。

例
- 時間軸に沿って実績値を見せたい…棒グラフ、折れ線グラフ
- 構成比を表現したい…円グラフ、積み上げ棒グラフ
- 位置付けを示したい…散布図

本番まであと4日!!

やってみよう!

p. 34で作ったアジェンダに基づいて、スライドを作ってみましょう。まずトピック1について作ってください。

＜ポイント＞
・ディバイダーを忘れずに作ること。
・スライドの枚数は、発表時間や内容に合わせて過不足のないように。

ガイダンス ➡ 良いスライドの条件を知ろう ➡ スライドを作る ➡ 英文スクリプトを作る

トピック2　市場トレンドと顧客ニーズ（スライド計4枚）　（モデル学習時間　30分）

スライド 7/17　　ディバイダー

会社概要に続いて、2つ目のトピックである「市場トレンドと顧客ニーズ」に移ります。まずはトピックを入れたディバイダーを作りましょう。

---

2. How Attractive is the Mobile Speaker Market?

2. モバイルスピーカー市場はどれだけ魅力的なのか？

作り方のヒント

・アジェンダのトピック2と内容が一致していることを確認しましょう。

本番まであと4日!!

スライド 8/17　市場の概要、市場規模とポテンシャルについて

次に、モバイルスピーカー市場の有望さを伝えるスライドを作ります。先ほど、グラフを使うときは、目的にあったフォーマットを選びましょうとお伝えしましたね。市場が過去から現在、未来に向けて成長していることを顕著に表す方法の1つとしては、棒グラフが有効です。左側には市場全体での売り上げ規模、右側にはスピーカーの販売個数の伸びをそれぞれ時間軸（2014～2017年度）に沿って表しています。

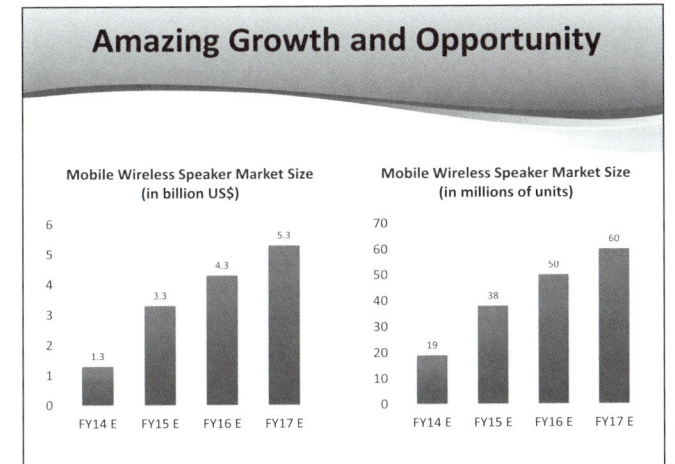

Amazing Growth and Opportunity

Mobile Wireless Speaker Market Size (in billion US$)
- FY14 E: 1.3
- FY15 E: 3.3
- FY16 E: 4.3
- FY17 E: 5.3

Mobile Wireless Speaker Market Size (in millions of units)
- FY14 E: 19
- FY15 E: 38
- FY16 E: 50
- FY17 E: 60

驚くほどの成長とチャンス

モバイルワイヤレススピーカー市場規模(10億USドル)／モバイルワイヤレススピーカー市場規模(100万台)

14～17年度見積もり (Estimated)

作り方のヒント

・「見れば分かるでしょう？」とオーディエンスにグラフの解釈を委ねるのではなく、**グラフから読み取れる事象をスライドタイトルで分かりやすく表現**してください。

スライド 9/17　調査に基づいた顧客ニーズ

モバイルワイヤレススピーカー市場の可能性をより具体的に示すために作ったスライドです。左側の円グラフでモバイルスピーカーに興味がある人、ない人の比率を示し、興味がないと答えた人については、その理由の内訳を右側の円グラフで示しています。さらに、その理由についての対応策を考えることで、潜在顧客にとって魅力的かつ競争力のある製品を作り出せると訴えようとしています。

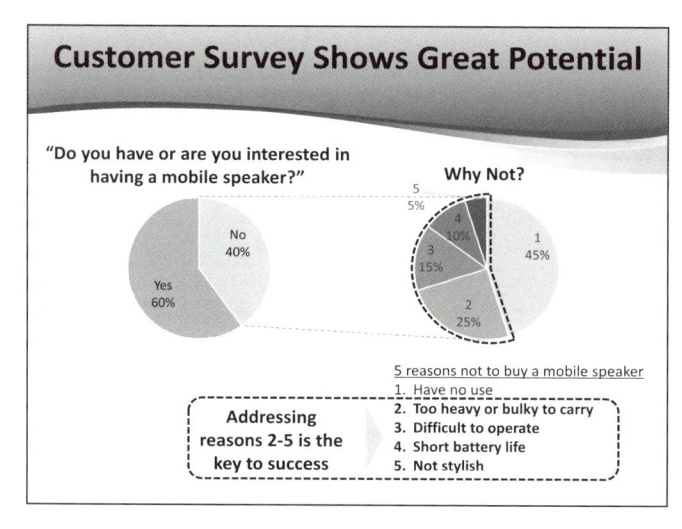

Customer Survey Shows Great Potential

"Do you have or are you interested in having a mobile speaker?"
- Yes 60%
- No 40%

Why Not?
- 1. 45%
- 2. 25%
- 3. 15%
- 4. 10%
- 5. 5%

5 reasons not to buy a mobile speaker
1. Have no use
2. Too heavy or bulky to carry
3. Difficult to operate
4. Short battery life
5. Not stylish

Addressing reasons 2-5 is the key to success

顧客調査が示す大きな可能性

「モバイルスピーカーを持っていますか、または持つことに興味がありますか？」
「なぜ持っていないのですか？」
モバイルスピーカーを買わない5つの理由
1. 利用する機会がない
2. 持ち運ぶには重過ぎる、かさばる
3. 操作が難しい
4. バッテリーの持ちが短い
5. スタイリッシュではない
理由2〜5への対処が成功の鍵

作り方のヒント

- 「モバイルスピーカーに興味のない人」について、その理由をシンプルに整理して示しているのが、このスライドの優れた点です。論理的に明快であれば、オーディエンスは納得しやすくなります。

本番まであと4日!!

> スライド 10/17　顧客ニーズを満たすべく開発された新製品

新製品を披露するスライドです。内容は、実物の画像を加えて、よりイメージしやすいものにしています。

The Mobby Sound: A New Solution to Meet Your Customers' Needs

The Mobby Sound

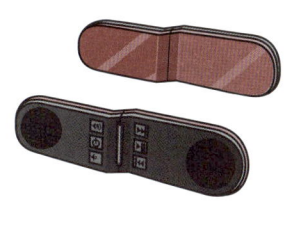

Innovative product that exceeds customer expectations:

- Compact body
- Longer battery life
- Stylish design

モビーサウンド：顧客ニーズを満たす新しいソリューション

モビーサウンド
顧客の期待を超える革新的な製品：
・コンパクトなボディー
・長いバッテリー持続時間
・スタイリッシュなデザイン

> **作り方のヒント**

・箇条書きは、できるだけ各項目が長い文にならないようにしましょう（読みにくくなれば箇条書きにする意味がなくなります）。項目は多くても7つに抑え、品詞や文の形を統一させること。

ガイダンス ➡ 良いスライドの条件を知ろう ➡ スライドを作る ➡ 英文スクリプトを作る

やってみよう!

p. 34で作ったアジェンダに基づいて、トピック2のスライドを作ってみましょう。

＜ポイント＞
・ディバイダーを忘れずに作ること。
・スライドの枚数は、発表時間や内容に合わせて過不足のないように。
・グラフなどを入れた場合は、そのグラフから読み取れる事象がスライドのタイトルに反映されていること。

引き続き、サンプルプレゼンの英文スクリプトを見ていきましょう⇒

英文スクリプトを作る

本番まであと4日!!

モデル学習時間　120分
実際にかかった時間　　　　分

> **トピック1** **会社概要**（スライド計4枚）（モデル学習時間　60分）

自分の会社について端的に伝えるこのトピックは、しっかり暗記して、当日オーディエンスの目を見ながら自信を持って伝えましょう。

スライド3/17　ディバイダー

これから何について話すのか、Let me start by doing(〜することから始めさせていただきます)、I'm going to start with 〜(〜から始めさせていただきます)、Let me first tell you 〜(まず〜について話させていただきます)といった表現を使って端的に伝えましょう。

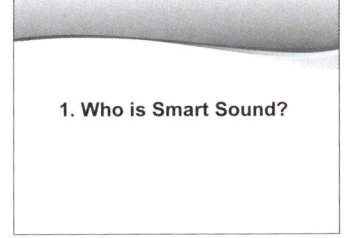

```
1. Who is Smart Sound?
```

・これから話すことを手短に伝える　　　　　　　　　　　　　　　⚫ 06

Let me start by briefly introducing our company to you.
(わが社の概要をお伝えすることから始めさせていただきます)

ガイダンス ➡ 良いスライドの条件を知ろう ➡ スライドを作る ➡ 英文スクリプトを作る　　057

> **スライド4/17**　スマートサウンド社は何を提供する会社か？

Main Bodyにおいては、そのスライドで何を伝えたいか、まず1文で言い表すのが原則です。スライドのメッセージを伝える1文を「トピックセンテンス」と呼びますが、このスライドの場合は、「わが社は○○をする会社です」という文がそれに当たります。続いて、会社のミッションについて話しましょう。missionの代わりにgoal(目的)という語もよく使われます。

Smart Sound Inc.

We create innovative ways of making people's lives more convenient and fun with our high-performance audio devices.

作り方のヒント

❶ 会社が何において優れているのかを述べる。
❷ 会社のミッション(社訓・モットー)を流用する。

◉ 07

トピックセンテンス

Smart Sound is ❶ one of the leading providers of innovative audio products.

会社のミッション

Our mission is to ❷ create innovative ways of making people's lives more convenient and fun with our high-performance audio devices.

スマートサウンド社は、革新的なオーディオ機器の大手プロバイダーの1つです。
われわれのミッションは、高性能オーディオ機器の提供を通じて人々の生活をより便利で楽しいものにする革新的な道を創造することです。

本番まであと4日!!

> スライド 5/17　会社の沿革、拠点などの基本データ

スライドを見ればある程度分かる内容の場合、スライドの情報をそのまま順番に読み上げていくのはできれば避けたいものです。ここでも、やはりデータから読み取れるメッセージ(トピックセンテンス)で始めましょう。「弊社はこの業界で長年の実績があって信頼されている会社だ」「新しいけれども顧客が世界で100社を超えている将来有望な企業だ」などといった内容です。

Industry-Leading Reliability with over 20 Years of History

Company Profile
Founded:	April 24, 1989
Products:	Audio speakers and headphones
Employees:	1,000+ (as of April 2014)
Head Office:	Minato-ku, Tokyo, Japan
Overseas Offices:	NY, LA, London, Seoul, Shanghai, Hong Kong
Global Retail Sales:	US$200 million (FY2013)　+18% vs 2012

* $1 = 100 JPY

> 作り方のヒント

❶ 会社のこれまでの実績を強調する。
❷ 製品・サービスの規模、カバーする範囲を示す。

◎ 08

> トピックセンテンス

We offer ❶ industry-leading reliability with over 20 years of history.

> 列挙されている会社データを文にして話す

Since being established in 1989, Smart Sound has ❷ developed and marketed speakers and headphones of all shapes and sizes for all types of users around the world.

We have over 1,000 employees in our company worldwide. Our headquarters are located in Tokyo, Japan, and we operate from 10 different offices in five different countries: namely Japan, the US, the UK, China, and Korea.

Our global retail sales increased by 18% to US$200 million in fiscal year 2013, compared with 2012.

わが社は20年を超える歴史を誇り、業界屈指の信頼性を提供しています。

1989年に設立されて以来、スマートサウンド社は世界中のありとあらゆるタイプのユーザー向けにありとあらゆる形やサイズのスピーカーやヘッドフォンを開発、販売してきました。

わが社には世界で1000人を超える社員がおります。本社は日本の東京にあり、5カ国10拠点で事業を行っています。具体的には日本、アメリカ、イギリス、中国、そして韓国です。

2013年度のわが社の世界における小売売上高は2012年比で18%増の2億USドルでした。

困ったときのテンプレート！

もし、スライド中の会社データ(沿革、拠点など)を自然な文の形に直すのが難しいという方は、以下のテンプレートを使いましょう。なお、スライド中のデータすべてについて言う必要はなく、特に強調したい箇所だけを言って構いません。

◉ 09

Founded[Established]: April 24, 1989
⇒ Our company was founded[established] in 1989.
(弊社は1989年に設立されました)

Products[Services]: Audio speakers and headphones
⇒ We provide audio speakers and headphones.
(弊社はオーディオスピーカーとヘッドフォンを提供しております)

本番まであと4日!!

- Employees: 1,000+ (as of April 2014)
  ⇒ We have over 1,000 employees in our company.
  (弊社には1000人を超える社員がいます)

- Head Office: Minato-ku, Tokyo, Japan
  ⇒ Our head office is located in Tokyo, Japan.
  (弊社の本社オフィスは日本の東京にあります)

- Overseas Offices: NY, LA, London, Seoul, Shanghai, and Hong Kong
  ⇒ Our overseas offices are located in New York, Los Angeles, London, Seoul, Shanghai, and Hong Kong.
  (弊社の海外オフィスは、ニューヨーク、ロサンゼルス、ロンドン、ソウル、上海、香港にあります)

- Global Retail Sales: US$200 million (FY 2013) +18% vs 2012
  ⇒ Our global retail sales were US$200 million in 2013.
  (弊社の世界における小売売上高は2013年に2億USドルでした)
  ⇒ Sales increased by 18% compared with 2012.
  (売り上げは2012年比で18%増加しました)

スライド 6/17　会社の売り上げ実績、市場シェア

グラフを含むスライドの説明をするときは、最低限以下の2点を述べましょう。

i) そのグラフが表しているもの（端的に）
ii) 補足説明、裏付けなど

Our Sales and Market Share Continue to Grow

Revenue (in million US$)
- FY10 A: 100
- FY11 A: 130
- FY12 A: 164
- FY13 A: 200

Market Share
- Boom: 18%
- NY Sound: 25%
- BEATS: 12%
- Smart Sound: 20%
- Loggy: 18%

グラフが2つある場合は、それぞれのグラフについてi)、ii)を述べていきます。このスライドで最も伝えたいことは、タイトルの Our Sales and Market Share Continue to Grow（わが社の売り上げと市場シェアは成長し続けます）です。前置きの後ろでこれをトピックセンテンスとして述べても構いませんが、ここではスライドを見れば明らかに分かるものとして割愛しています。

作り方のヒント

❶ 必要に応じてデータを掘り下げて説明する。
❷ 会社の明るい未来をアピールする。
❸ 今後も成長する合理的な理由を述べる。

🔴 10

| 前置き |

❶ Let's take a little closer look at our sales growth and market share in this slide.

| 左側の棒グラフが表しているものを端的に述べる |

The bar graph on the left shows that our revenue has been increasing steadily since 2010.

| 補足説明、裏付けなど |

The increasing popularity of digital music and the seamless consumption of audio content on home and mobile devices has boosted customer demand for audio devices such as earphones and digital speakers. ❷ We expect the demand for our products to increase 20% annually over the next few years.

| 右側の円グラフが述べているものを端的に述べる |

If you look at the pie chart on the right, you'll see Smart Sound holds 18% of the audio speaker market.

| 補足説明、裏付けなど |

❸ Now we're growing our business in Southeast Asian countries, leveraging the company's audio product expertise, and we can expect our market share to improve.

こちらのスライドで、わが社の売り上げと市場シェアについてもう少し見てみましょう。

左にある棒グラフは、わが社の収益が2010年以降、着実に増加していることを示しています。

デジタル音楽の高まりゆく人気や、自宅やモバイルの機器での途切れることのないオーディオコンテンツの消費は、イヤホンやデジタルスピーカーなどのオーディオ機器の需要も押し上げています。今後数年にわたり、わが社の製品に対する需要も年20%の割合で増加することを見込んでいます。

右にある円グラフを見ていただくと、スマートサウンド社がオーディオスピーカー市場の18%を占めて

いることがお分かりになるでしょう。

現在、わが社のオーディオ製品の専門性を生かし、東南アジアの国々でビジネスを成長させており、市場シェアの向上が期待できます。

やってみよう！

p. 51で作ったトピック1のスライドに対応する、英文スクリプトを作ってみましょう。

＜ポイント＞

・できるだけシンプルな表現を使うように心掛けよう。
・スライドを見れば分かる情報については簡潔にまとめよう。

本番まであと4日!!

> **トピック2　市場トレンドと顧客ニーズ**　（モデル学習時間　60分）

会社概要に続いて、サンプルプレゼンのMain Body2つ目のトピックである「市場トレンドと顧客ニーズ」について、英文スクリプトを見ていきましょう。

> **スライド 7/17**　ディバイダー

次のトピックに移るときには、Now let's move on to ~（では~に移りましょう）という表現が便利です。他には、Now we're ready to discuss ~（では~について話す準備が整いました）、Next, let me explain ~（次に~についてお話しさせてください）なども使えます。

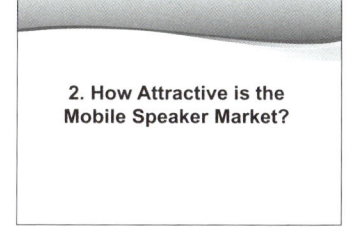

```
2. How Attractive is the
Mobile Speaker Market?
```

・2つ目のトピックに話を進める　　　　　　　　　　🔘 11

Now let's move on to the next topic: "How attractive is the mobile speaker market?"
では、次のトピック「モバイルスピーカーマーケットはいかに魅力的なのか？」に移りましょう。

スライド 8/17　市場概要、市場規模とポテンシャルについて

p.62の スライド 6/17 に引き続き、市場の伸びを説明するスライドのスクリプトを見ていきましょう。他のプレゼンでも活用しやすい表現がたくさんありますので、参考にしてください。

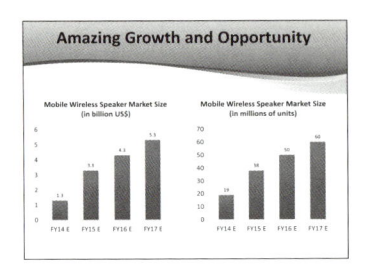

Amazing Growth and Opportunity

作り方のヒント

❶ 有望な市場であることをはっきり示す。
❷ 主張を具体的な数値で裏付ける。
❸ 自社と市場の関連を述べる。

🔴 12

[トピックセンテンス]

❶ As you can clearly see from the charts, the mobile speaker market is growing year by year.

[グラフのデータを基に詳細・理由を補足する]

As mentioned earlier, this is because the availability of digital music and audio content on home and mobile devices has boosted customer demand for audio devices.

The size of the mobile wireless speaker market is projected to be ❷ $3.3 billion for FY2015, $4.3 billion for FY16, and $5.3

billion for FY17, while the number of mobile speakers to be sold in 2017 is projected to be ❷60 million units.

We expect this trend to continue and believe that ❸mobile speakers offer a big growth opportunity for our company with our solid foundation in audio devices.

表からもご覧いただける通り、モバイルスピーカー市場は年々成長しています。

先ほども触れましたが、これは、自宅やモバイルの機器を通じたデジタル音楽やオーディオコンテンツが利用可能となり、オーディオ機器への顧客ニーズが高まっているからです。

モバイルワイヤレススピーカー市場の規模は2015年度に33億ドル、2016年度には43億ドル、2017年度には53億ドルになると見込まれています。そしてモバイルスピーカーの販売個数は2017年には6000万個になると予測されています。

われわれはこの動向は続くと予測しており、モバイルスピーカーはオーディオ機器の強固な基盤があるわが社に大きな成長の機会を与えてくれると確信しています。

スライド 9/17　調査に基づいた顧客ニーズ

顧客調査の結果は、オーディエンスを説得するための効果的な材料になります。調査から得た情報をあれもこれもと使うのではなく、プレゼンの目的に合わせて要点をシンプルにまとめ、ひと目で伝わるように工夫してください。サンプルプレゼンでは、前置きの後に「モバイルスピーカーのビジネスには大きな可能性がある」というメッセージが盛り込まれています。

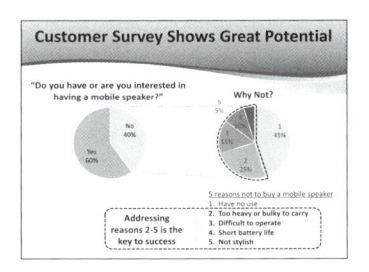

> **作り方のヒント**
> ❶ 調査の対象を明らかにする。
> ❷ 明快な分析を加えてオーディエンスを納得させる。

🔴 13

[前置き]

Next, let me share the findings of our customer survey.

[トピックセンテンス]

Our customer survey shows the great potential of the mobile speaker business.

[サーベイの詳細・結果を補足する]

We recently conducted an online survey and gained answers ❶ from 250 people between the ages of 20 and 59.

As you can see from the pie chart on the left, 60% of the people already had or were interested in having a mobile speaker. On the other hand, the remaining 40% answered that they were not interested in mobile speakers.

The major reasons given by the 40% are shown on the right side of the slide: those not interested in mobile speakers thought they were too heavy or bulky to carry, difficult to operate, had too short a battery life, or were not stylish.

❷ Addressing reasons 2 through 5 is the key to success in such a competitive market.

次に、顧客調査の結果をご紹介します。
わが社の顧客調査では、モバイルスピーカーのビジネスには大きな可能性があることを示しています。
われわれは、最近オンライン調査を実施し、20歳から59歳の間の250人から回答を得ました。

本番まであと4日!!

左にある円グラフをご覧いただくとお分かりのように、60%の人がすでにモバイルスピーカーを持っている、もしくは持つことに興味を抱いています。一方、残りの40%の人はモバイルスピーカーに興味を持っていませんでした。

その40%(の人)が答えた主な理由はスライドの右側に示されています。興味がない人たちによるイメージは、モバイルスピーカーは持ち運ぶには重過ぎる、あるいはかさばる、扱いが難しい、バッテリーの持ちが短い、スタイリッシュでない、というものでした。これら2～5にある買わない理由に対処することが、競争の激しい市場において成功を収める鍵です。

スライド 10/17　顧客ニーズを満たすべく開発された新製品

The Mobby Sound: A New Solution to Meet Your Customers' Needs

The Mobby Sound

Innovative product that exceeds customer expectations:
- Compact body
- Longer battery life
- Stylish design

作り方のヒント

❶ 売り込みたい製品を大々的にアピールする。
❷ 顧客のニーズを反映させた革新的な製品であることを伝える。

🔘 14

トピックセンテンス

❶ So, here is what we have come up with!

今回売り込みたい製品を紹介する

❷ The Mobby Sound is a new solution to meet your customers' needs and bring you success in a competitive market.
In addressing the requirements of potential customers, we have developed a wireless mobile speaker that has a way more compact body, longer battery life, and a more stylish design than any mobile speaker has ever had.

そしてここにわが社の考え出したものがあります！　モビーサウンドは顧客ニーズを満たし、かつ競争の激しい市場で成功をもたらしてくれる新しいソリューションです。潜在顧客の要求に取り組みながら、わが社は、他のどのモバイルスピーカーよりもずっとコンパクトなボディーに、持続時間のより長いバッテリー、そしてスタイリッシュなデザインを備えたワイヤレスモバイルスピーカーを開発しました。

やってみよう！

p. 56で作ったトピック2のスライドに対応する、英文スクリプトを作ってみましょう。

＜ポイント＞
・できるだけシンプルな表現を使うように心掛けよう。
・スライドを見れば分かる情報は簡潔にまとめよう。

本番まであと3日!!

Main Bodyをどう作ればいいのか、分かってきましたか？ 今日は、Main Bodyの最後(3つ目)のトピックを扱います。発表の時間は刻々と迫っていますが、一つ一つ確実に準備を進めていきましょう。

今日の目標

- Main Bodyの残りのスライドと英文スクリプトを完成させます。
- 「言語行為」に注目した伝え方のコツを学びます。

昨日は、サンプルプレゼンのMain Bodyのトピック3つのうち、初めの2つをご紹介しました。ここまで、ご自身のプレゼンのスライドと英文スクリプトをきちんと仕上げられていますか？

Main Bodyは、Introductionで伝えた内容を具体的に示すステージです。当然ながら本番でも一番時間を費やすことになります。昨日、作業量の多さに驚かれたかもしれませんが、もう折り返し地点に来ています。頑張って進めていきましょう。

今日は、Main Bodyの最後のトピックを扱います。ご紹介する内容は、皆さんのプレゼンのスライドや英文スクリプト作りの助けになる部分が多いと思いますので、ぜひ参考にしてくださいね。

では、今日の学習内容です。

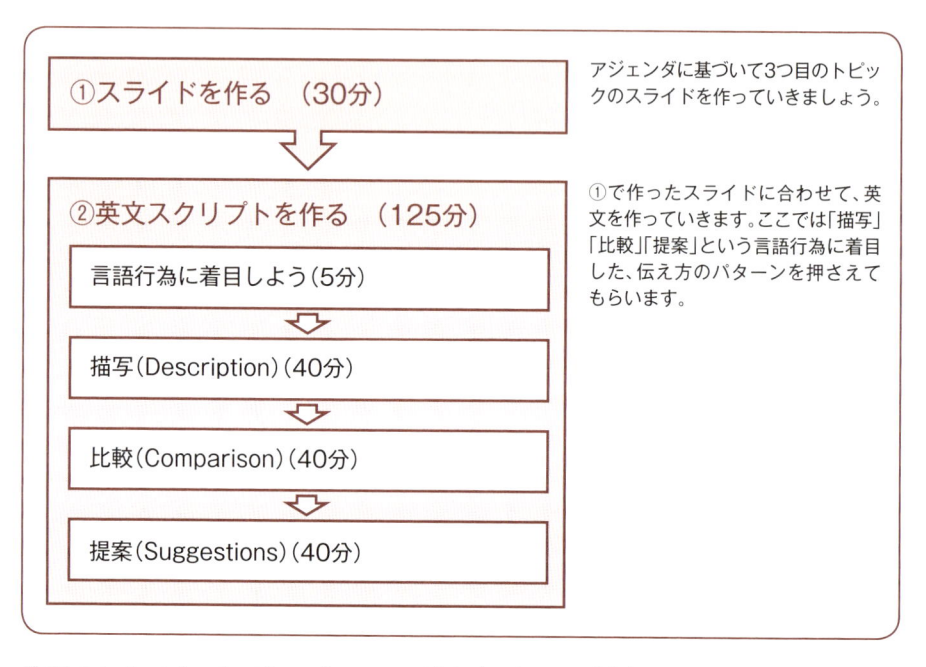

①スライドを作る（30分） 　　　↓ ②英文スクリプトを作る（125分） 　言語行為に着目しよう（5分） 　　　↓ 　描写(Description)（40分） 　　　↓ 　比較(Comparison)（40分） 　　　↓ 　提案(Suggestions)（40分）	アジェンダに基づいて3つ目のトピックのスライドを作っていきましょう。 ①で作ったスライドに合わせて、英文を作っていきます。ここでは「描写」「比較」「提案」という言語行為に着目した、伝え方のパターンを押さえてもらいます。

昨日のトピック1、2では、プレゼンで取り上げられる頻度の高い、会社紹介や市場概要の伝え方、数字やグラフの説明方法などをご説明しました。

今日は、皆さんの扱うさまざまなトピックにも応用できそうな英語表現を、「描写」「比較」「提案」という言語行為別の切り口から解説していきます。各言語行為には伝えるコツ、定番表現などがあります。それらを利用すれば、皆さんご自身のプレゼントピックもうまく英語で説明できるようになるのです。

それでは、さっそく学習を始めましょう。

本番まであと3日!!

スライドを作る

モデル学習時間　　30分
実際にかかった時間　　　分

まず、サンプルプレゼンのMain Bodyの大きな流れを振り返っておきましょう。スマートサウンド社の吉田愛さんは、トピック1で自分の会社を紹介し、トピック2でオーディオ機器の市場トレンドと顧客ニーズについて述べました。トピック3では、自分が売り込もうとしている新製品について具体的に説明します。

トピック3：新製品モビーサウンドの具体的な説明　　スライド11／17
・本製品の主な特長　　スライド12／17
・競合製品との比較　　スライド13／17
・本製品のさまざまな用途、活用例　　スライド14／17
・本製品のビジネスシーンでの利用方法　　スライド15／17

では、サンプルプレゼンのスライドを見ていきましょう⇒

ガイダンス ➡ スライドを作る ➡ 英文スクリプトを作る

トピック3　新製品モビーサウンドの具体的な説明（スライド計5枚）

昨日学習した「良いスライドの条件」(pp. 43-45)を覚えていますか？　スライドは、それを意識しながら作っていきましょう。

スライド 11/17　ディバイダー

1つ目、2つ目のトピックと同様ですので、もう分かりますね。まずは、ディバイダーを入れなければいけません。

```
3. What Can the Mobby Sound Do?    モビーサウンドは何ができるのか？
```

作り方のヒント

- アジェンダのトピック3と内容が一致していることを確認しましょう。

本番まであと3日!!

スライド 12/17 本製品の主な特長

プレゼンには時間の制限がありますから、製品の特長を紹介するといってもすべてを説明し切れないことが多いと思います。特に強調したい点をあらかじめリストアップして、スライドに載せるようにしましょう。

Ultra Compact, Stylish & User-Friendly

Product Features

1. Foldable & Compact
   Dimensions: (folded) (H x W x D) 5.5 x 9 x 4 cm
   Weight: 200 g

2. Stylish Design
   Leather casing + 7 color options

3. Easy Operation
   Controllable from your Bluetooth device

4. Long Battery Hours
   Rechargeable battery can play for up to 20 hours

Wirelessly connects to your smartphone, tablet or any other Bluetooth device

超コンパクト、スタイリッシュ、使いやすい

製品の特長
1. 折り畳めてコンパクト
   サイズ：(畳んだ状態)
   (高さ×幅×奥行き)5.5×9×4cm／重量：200g
2. スタイリッシュなデザイン
   7色から選べるレザーケース
3. 簡単な操作
   Bluetoothデバイスから操作できる
4. 長く持つバッテリー時間
   充電式バッテリーで20時間まで再生可能

あなたのスマートフォン、タブレット、その他のBluetooth機器にワイヤレス接続できます

作り方のヒント

・特長はできるだけシンプルな箇条書きにすること。
・オーディエンスがイメージしやすいよう、製品の画像やイラストを適宜使うと良い。

ガイダンス → スライドを作る → 英文スクリプトを作る

スライド 13/17　競合製品との比較

このスライドの狙いは、競合製品との比較により、自分が売り込もうとしているモビーサウンドの優位性をアピールすることにあります。表を使って、他社の売れ筋製品との違いを分かりやすく強調します。

Our Competitive Advantage Attracts Customers

Competitive Analysis

	The Mobby Sound	QSP-Mini	N Wave
Size (H x W x D)	5.5 x 9 x 4 cm (folded)	10 x 11 x 10 cm	8 x 18 x 6 cm
Weight	200g	405g	650g
Battery Life	20 hours	7 hours	10 hours
Design	✓ Foldable ✓ Leather cover ✓ 7 color options	✓ Solid ✓ Plastic ✓ Black only	✓ Solid ✓ Soft covers in three colors available as optional accessories
Retail Price	$99	$120	$230

われわれの競争優位性が顧客を引き付ける

競合分析
サイズ（高さ×幅×奥行き）／重量／バッテリーの持続時間／デザイン／小売価格
[モビーサウンド]5.5×9×4cm（畳んだ状態）／200g／20時間／折り畳み可能、レザーカバー、7色の選択肢／99ドル
[QSP-Mini]10×11×10cm／405g／7時間／固定、プラスチック、黒のみ／120ドル
[N Wave]8×18×6cm／650g／10時間／固定、追加オプションとして3色から選べるソフトカバーあり／230ドル

作り方のヒント

- 表やグラフのタイトルをスライドタイトルにしてしまってはいけません。Competitive Analysis（競合分析）をした結果として何を伝えたいのか、タイトルには「メッセージ」を持ってきましょう。

本番まであと3日!!

- スライド 14/17　本製品のさまざまな用途、活用例
- スライド 15/17　本製品のビジネスシーンでの利用方法

ここでは、口頭で説明する分量を考慮して2枚のスライドに分けていますが、内容によっては1枚でももちろん構いません。

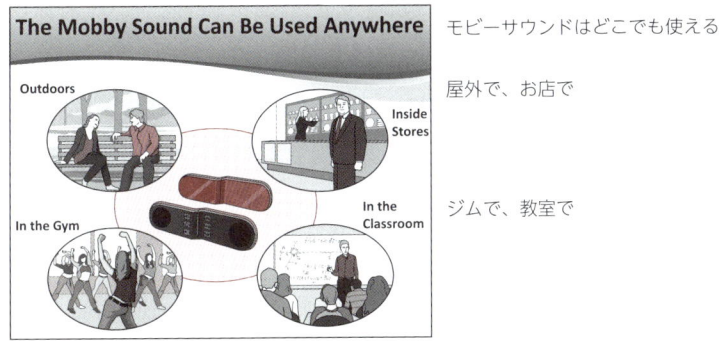

The Mobby Sound Can Be Used Anywhere　モビーサウンドはどこでも使える

Outdoors　屋外で、お店で
Inside Stores
In the Gym　ジムで、教室で 
In the Classroom

The Mobby Sound For Business Use　モビーサウンドのビジネス用途

作り方のヒント

- 用途を説明する場合、言葉よりも画像・動画を用いた方が伝わりやすいことがあります。効果的に活用しましょう。

やってみよう!

p. 34で作ったアジェンダに基づいて、スライドを作ってみましょう。トピック3について作ってください。

＜ポイント＞
・ディバイダーを忘れずに作ること。
・スライドの枚数は、発表時間や内容に合わせて過不足のないように。
・表やグラフのタイトルを、スライドタイトルにしてしまわないように。

引き続き、サンプルプレゼンの英文スクリプトを見ていきましょう⇒

英文スクリプトを作る

本番まであと3日!! 3

モデル学習時間　125分
実際にかかった時間　＿＿＿分

言語行為に着目しよう（モデル学習時間5分）

さて、Main Bodyの残りのスライドが出来上がりました。英文スクリプト作成に進むに当たり、ここでは、できるだけ皆さんのプレゼンにも活用いただけるように、<u>言語行為</u>に注目した表現方法の解説をしたいと思います。

言語行為とは、言語哲学者のオースティンが研究したSpeech Actからきているもので、「発言が意図する行為」のことです。例えば、製品の特長についての発言は「描写(Description)」という行為に該当します。製品のサイズや色、特性などを紹介しながら"描写"するからです。競合他社製品を比べる場合はどうでしょう？「比較(Comparison)」という言語行為が使われます。活用事例を紹介しようとすると、「提案(Suggestions)」という行為が意図されます。

トピック3：新製品モビーサウンドの具体的な説明

- 本製品の主な特長　⇒　**描写(Description)**
- 競合製品との比較　⇒　**比較(Comparison)**
- 本製品のさまざまな用途、活用例　⇒　**提案(Suggestions)**
- 本製品のビジネスシーンでの利用方法

あなたが作ったスライドはそれぞれどのような言語行為を使って説明すべき内容なのか、まず考えてください。それぞれの言語行為には、その発言による目的を達成するための<u>伝え方</u>の<u>パターン</u>があります。まず、サンプルプレゼンを見て、言語行為のそれぞれについて理解し、ご自身のスクリプト作成に応用してみましょう。

> **トピック3** **新製品モビーサウンドの具体的な説明**(スライド計5枚)

いよいよ最後のトピックに入りました。英文スクリプトを一つ一つ確認しましょう。

> **スライド 11/17** ディバイダー

直前の スライド10/11 では、モビーサウンドを満を持して紹介しました。ここからはその特長を掘り下げて見ていきます。ここで使われているlook in more detail at ~(～をもっと詳しく見る)は、look at ~(～を見る)にin detail(詳細に、詳しく)が組み合わさり、さらに比較級のmoreが付いた表現です。

3. What Can the Mobby Sound Do?

・3つ目のトピックに話を進める　　　　　　　　　🔘 15

Now let's look in more detail at what the Mobby Sound can do.
(では、モビーサウンドは何ができるのか、もっと詳しく見ていきましょう)

本番まであと3日!!

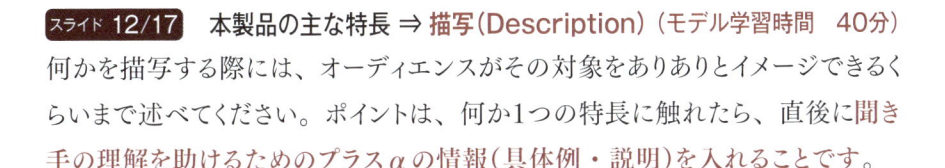

スライド 12/17　本製品の主な特長 ⇒ 描写(Description)（モデル学習時間　40分）

何かを描写する際には、オーディエンスがその対象をありありとイメージできるくらいまで述べてください。ポイントは、何か1つの特長に触れたら、直後に聞き手の理解を助けるためのプラスαの情報（具体例・説明）を入れることです。

🔘 16

描写する文の代表的な形

① **There is / are ~**
　（〜がある）

　There are a lot of functions on our new tablet.
　（わが社の新しいタブレットにはたくさんの機能がある）

② **~ provide / offer / have / cover ...**
　（〜は…を提供します／…をお届けします／…を持っています／…をカバーします）

　The online protection system provides complete security and privacy for users.
　（そのオンライン保護システムは、ユーザーのための完全な安全性とプライバシーを提供している）

　Its warranty program covers repairs and replacements of accessories.
　（その保証プログラムは付属品の修理・交換をカバーしている）

　The automaker offers a range of prices for the new car.
　（その自動車メーカーはその新型車に幅広い価格帯を用意している）

③ **主語 is ~ [形容詞] to ... [動詞].**
　（[主語]は…するのに〜だ）　※主語にはモビーサウンドなど描写したいものを入れる

　The product is compact to carry and easy to use.
　（その製品は持ち運ぶのに手軽で使いやすい）

ガイダンス　➡　スライドを作る　➡　英文スクリプトを作る

スライド 12/17

Ultra Compact, Stylish & User-Friendly

Product Features
1. Foldable & Compact
   Dimensions: (folded) (H x W x D) 5.5 x 9 x 4 cm
   Weight: 200 g
   Wirelessly connects to your smartphone, tablet or any other Bluetooth device
2. Stylish Design
   Leather casing + 7 color options
3. Easy Operation
   Controllable from your Bluetooth device
4. Long Battery Hours
   Rechargeable battery can play for up to 20 hours

作り方のヒント

❶ 特長が複数あるときには順序立てて述べる。
❷ 描写する際にはプラスαの情報を添える。

🔴 17

[トピックセンテンス]

There are several great features that the Mobby Sound offers.

[特徴を列挙]

❶ First of all, the Mobby Sound **is foldable and very compact**.
❷ When folded, it's as small as your palm! And it only weighs 200g! In our survey, customers were concerned about the size and weight of the product. So we've drastically reduced these dimensions.

❶ Secondly, the Mobby Sound **has** stylish design as well. ❷ It **has** a leather cover and is available in seven different color options.

本番まであと3日!! 3

❶ Third, it **is easy to operate**. ❷ You can control the speaker from your connected smartphone, tablet or other Bluetooth device.

❶ Finally, the Mobby Sound **provides** long battery hours.
❷ Its rechargeable battery can play for up to 20 hours!

＊描写している主な部分を太字にしています。

モビーサウンドには、いくつもの優れた特徴があります。

まず、モビーサウンドは折り畳み可能で、とてもコンパクトです。畳めば手のひらと同じ位のサイズになります！　そしてわずか200gしかありません！　わが社の調査では、顧客はスピーカーのサイズと重さを気にしていました。そこで、われわれは寸法を劇的に小さくしました。

2つ目に、モビーサウンドはデザインもスタイリッシュです。レザーのカバーに7色の選択肢があります。

3つ目に、操作が簡単です。接続したスマートフォン、タブレット、またはその他のBluetooth機器から、スピーカーをコントロールすることができます。

最後に、モビーサウンドはバッテリーの持ち時間が長いのです。充電可能なバッテリーで、20時間まで再生可能です！

スライド 13/17　競合製品のとの比較 ⇒ **比較（Comparison）**（モデル学習時間　40分）

描写の対象が2つ以上の場合は、比較して違いを伝えていきます。おなじみの比較級・最上級の構文の他、さまざまな比較表現があります。自然な流れになるように使い分けてください。

🔘 **18**

基本となる比較表現

① **...er[more ... / less ...] than ～**
（～よりも…だ）〈比較級〉

In terms of the work environment, company A is better than company B.
（職場環境に関しては、A社の方がB社よりいい）

② **the ...est[the most ... / the least ...] of[in / among]～**
（～の中で最も…だ）〈最上級〉

As for price, this is the most expensive of all the blenders.
（価格に関しては、これがすべてのミキサーの中で最も高価だ）

③ **double[triple] the ... of ～**
（～の2[3]倍の…）

When it comes to business performance, our company has double the sales of company B and triple the sales of company C.
（業績となると、わが社の売り上げは、B社の2倍、そしてC社の3倍ある）

④ **half[one-third] the ... of ～**
（～の半分[3分の1]の…）

As to tuition, an online degree could be less than half the cost of traditional college education and less than one-third the cost of studying abroad.
（授業料に関しては、オンラインの学位プログラムは、従来の大学教育費用の半分未満、留学費用の3分の1未満になり得る）

本番まであと3日!!

スライド 13/17

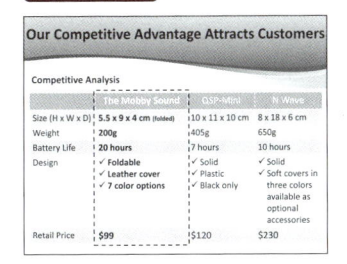

Our Competitive Advantage Attracts Customers

Competitive Analysis

	The Mobby Sound	QSP-Mini	N Wave
Size (H x W x D)	5.5 x 9 x 4 cm (folded)	10 x 11 x 10 cm	8 x 18 x 6 cm
Weight	200g	405g	650g
Battery Life	20 hours	7 hours	10 hours
Design	✓ Foldable ✓ Leather cover ✓ 7 color options	✓ Solid ✓ Plastic ✓ Black only	✓ Solid ✓ Soft covers in three colors available as optional accessories
Retail Price	$99	$120	$230

作り方のヒント

❶ 接続表現を使って論理の流れを分かりやすくする。

❷ 比較の項目(〜について)を明確にする。

❸ 紹介する製品の素晴らしさを念押しする。

🔴 19

(トピックセンテンス)

Here is a side-by-side comparison of our product, the Mobby Sound **and** our competitors' products.

(補足説明)

❶ **As you can see,** ❷ **in terms of** size and weight, the Mobby Sound is significantly **smaller and lighter than** the other two. **No other** current portable speaker **compares with** this 4-cm-thin speaker.

❶ Now let's look at battery life. The Mobby Sound has **double the** battery life **of** both the QSP-Mini and the N Wave. **The longer** the battery lasts, **the more** work or activity you can get done away from a power source. This convenience is another very strong selling point for the Mobby Sound.

❶ **Also,** we put lots of effort into our product design. **While** the QSP-Mini is made of plastic, which has a cheap look and feel, the Mobby Sound has a leather cover making it altogether **more** luxurious.

❶ **Furthermore,** the QSP-Mini comes in only one color, black, **whereas** the Mobby Sound offers seven different color options.

The N Wave has soft covers in three color options but they're only available as an optional accessory. So not only are you spending **more than double** for the product, you also have to pay **more** money for the accessories, **whereas** with the Mobby Sound, all design features are included in the $99 price tag.

❶ That makes it **even better** value.

＊比較している主な部分を太字にしています。

こちらは、わが社の製品であるモビーサウンドと競合製品とを並べて比較したものです。

ご覧いただける通り、サイズと重さに関しては、モビーサウンドはその他の2製品よりかなり小さく軽いです。現在他のどんなポータブルスピーカーも、この4cmの薄さのスピーカーとは比較になりません。

それでは、バッテリー持続時間を見てみましょう。モビーサウンドにはQSP-MiniとN Waveの2倍のバッテリー持続時間があります。バッテリーが長く持てば持つほど、電源から離れてより多くの仕事や活動ができます。この利便性はモビーサウンドのもう1つの強力なセールスポイントです。

また、製品のデザインにもわれわれは多くの力を注ぎました。QSP-Miniはプラスチック製で、安っぽい見た目や感触があるのに対して、モビーサウンドにはレザーのカバーが付いており、全体的により高級感があります。

さらに、QSP-Miniが黒一色の展開なのに対して、モビーサウンドには7色の選択肢があります。

N Waveには3色の選択肢から選べるソフトカバーがありますが、それらはあくまで別売りのアクセサリーとして購入できるものです。従って、N Waveには製品自体に2倍を超える額を支払いながら、さらにアクセサリーにお金を払わなければなりませんね。一方、モビーサウンドではすべてのデザイン上の特色が99ドルの値札に含まれています。

そのことが、モビーサウンドの価値をさらに上げています。

本番まであと3日!! 3

| スライド 14/17 | 本製品のさまざまな用途、活用例 |
| スライド 15/17 | 本製品のビジネスシーンでの利用方法 |

⇒提案（Suggestions）

（モデル学習時間　40分）

My suggestion is ~（私のお薦めは~です）、We should[need to] ~（われわれは~すべきです）などといった直接的な提案ばかりでなく、間接的に提案することもできます。

🔊 **20**

間接的な提案の表現例

① **~ can be useful.**（~は役に立つでしょう）
　The large display can be useful for medical purposes.
　（その大型ディスプレーは医療用途で役に立つでしょう）

② **You can / could ~ ＋ 条件.**（[条件で]~できるでしょう）
　You can use our customer support system anytime as long as you have access to the Internet.
　（インターネットへの接続環境がある限り、いつでもわが社のカスタマーサポート制度をご利用になれます）

③ **You can benefit from ~.**（~から恩恵を得られるでしょう）
　You can benefit from its new inventory control function.
　（その新しい在庫管理機能から恩恵を得られるでしょう）

④ **~ will help you with ...**（~はあなたが…する上で助けになるでしょう）
　Our new touch panel will help you with its time-saving and intuitive operation.
　（わが社の新型タッチパネルは、あなたが省時間かつ直感的な作業をする上で助けになるでしょう）

⑤ **~ could support you in ...**
　（~はあなたが…するのに役立つかもしれません）
　Our training program could support you in growing your business.
　（わが社の研修プログラムは、あなたがビジネスを拡大させるのに役立つかもしれません）

ガイダンス ➡ スライドを作る ➡ 英文スクリプトを作る

> スライド 14/17

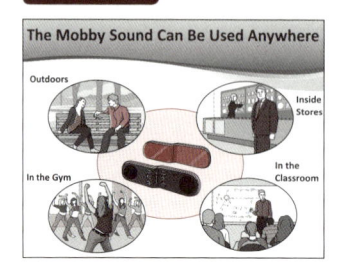

The Mobby Sound Can Be Used Anywhere
- Outdoors
- Inside Stores
- In the Gym
- In the Classroom

> 作り方のヒント

❶ 時代のニーズに応えた魅力的な活用例を提示する。
❷ 比較表現を効果的に使う。

🔘 21

> トピックセンテンス

Now, I'll show you how you can utilize the Mobby Sound in different settings, such as daily, academic, or business situations.

> 具体例

For your daily life, a good speaker **can be useful** when you want to watch TV or a movie at home with better sound quality. Some people use their portable speaker for gaming, too.

Also, thanks to its built-in microphone, you **can use** the Mobby Sound for telephoning, ❶ including conference or regular calls using an iPhone, Skype or FaceTime.

If you like both outdoor activities and music, **you must** have

088

本番まであと3日!!

the Mobby Sound. **Wherever** you are, **you can** share your favorite music with great sound.

Small shop owners, such as a small coffee shop's owner **could benefit from** the Mobby Sound, too. ❷ Compared to expensive in-ceiling speaker systems, the Mobby Sound **allows them to play music** for their customers at a very reasonable cost.

In addition to that, the Mobby Sound **will be very useful for** teachers in different fields. Language teachers, yoga or dance instructors **are good examples of users who will benefit**. They **can carry** this compact speaker to teach anywhere, with a great sound.

＊提案している主な部分を太字にしています。

それでは、モビーサウンドを日常や学校、あるいはビジネスといったさまざまな状況でどのように利用できるかについてお見せしましょう。

日常生活においては、自宅でテレビや映画をより良い音質で見たいときに、良いスピーカーが役立ちます。ポータブルスピーカーをゲームをするときに使う人もいます。

また内蔵マイクのおかげで、モビーサウンドはiPhoneやSkype、FaceTimeなどを使った、会議や通常の通話にも使えます。

もしあなたがアウトドアと音楽の両方を愛好されるなら、モビーサウンドは必携です。どこにいても、あなたの好きな音楽を優れた音質でシェアできるのです。

小規模なお店のオーナー、例えば小さなコーヒー店のオーナーも、モビーサウンドから恩恵を得られるでしょう。天井に埋め込まれた高額なスピーカーに比べて、モビーサウンドはとても手頃なコストで、店を訪れるお客さまのために音楽を流すことができます。

さらに、モビーサウンドはさまざまな分野の先生方にとって非常に役に立つでしょう。語学講師、ヨガやダンスのインストラクターは恩恵を得られるユーザーの好例です。彼らは、このコンパクトなスピーカーを携帯することで、場所を問わず素晴らしいサウンドで教えることができるのです。

ガイダンス ➡ スライドを作る ➡ 英文スクリプトを作る

スライド 15/17

The Mobby Sound For Business Use

作り方のヒント

❶ 製品を実際に使うことでオーディエンスの興味を引く。
❷ 従来の製品・サービスなら起こり得る問題を引き合いに出す。

◎ 22

トピックセンテンス

Finally, let's look at the Mobby Sound's uses for business purposes.

補足説明

❶ How many of you have noticed that I've been using the Mobby Sound for this presentation since the beginning?

Just as I've been demonstrating right here, the Mobby Sound **can be a great help** when you want to make professional business presentations with a good sound!

These days, we often see presenters play a video or music during their presentation, ❷ but sometimes the sound is not good or loud enough for the audience in the room to hear clearly.

本番まであと3日!!

A quality portable speaker **would support** those presenters and **help** them to successfully convey their ideas to the audience. **Take** this compact but powerful speaker with you, and reach the hearts of everyone you hope to influence in your presentation!

＊提案している主な部分を太字にしています。

最後に、ビジネス目的でのモビーサウンドの使用についてみてみましょう。

私がこのプレゼンで、冒頭からモビーサウンドを使っていることに気付いていたという方はどれくらいいらっしゃいますか？

まさに私がここでデモンストレーションしてきましたように、モビーサウンドは、良い音を使ってプロフェッショナルなビジネスのプレゼンをしたいときにとても役に立ちます！

最近では、発表者がプレゼンの最中にビデオや音楽を再生するのをしばしば目にします。でもその音質や音量が足りないせいで、その部屋にいるオーディエンスにはっきり聞こえないということも時々あります。

高品質のポータブルスピーカーは、そんな発表者が考えをオーディエンスにしっかり伝える手助けをしてくれるでしょう。このコンパクトながらパワフルなスピーカーを手に取ってください。そしてあなたのプレゼンで影響を与えたい人一人一人の心を動かしてください！

ガイダンス ➡ スライドを作る ➡ 英文スクリプトを作る

やってみよう!

p. 78で作ったトピック3のスライドに対応する、英文スクリプトを作ってみましょう。

＜ポイント＞

何を伝えようとしているのかを考えること。英文スクリプトは、その目的である「言語行為（描写、比較、提案など）」に合った表現を使いながら組み立てていこう。

本番まであと2日!!

Main Bodyを作り終えて少しほっとしているところかもしれませんが、まだ気を抜いてはいけません。オーディエンスの心にしっかり残るような締めの話の作り方、そしてQ&A(質疑応答)の対応方法について学んでいきましょう。

今日の目標
- Conclusionの基本的な流れを押さえます。
- Conclusionのスライドと英文スクリプトを作ります。
- より印象に残るConclusionの内容を確認します。
- Q&A(質疑応答)の流れと必須表現を押さえます。

ある程度の時間をかけるプレゼンでは、特に人の記憶に一番残りやすいのが始まりと終わりです。そそくさとThat's all. Thank you.(以上です、ありがとうございました)で終わらせては、せっかくのプレゼンを台無しにしてしまいます。一生懸命エネルギーをつぎ込んでMain Bodyを作り、伝えてきたのですから、Conclusionを何となく終わらせてしまってはいけません。

とはいえ、Main Bodyを作り終えた皆さんにとって、このConclusionを組み立てる作業は決して難しいものではありません。レッスンの指示通りに進めていけば、必ず仕上げられるようになっていますので、気後れせずに準備を進めていってくださいね。

では、今日の学習内容です。

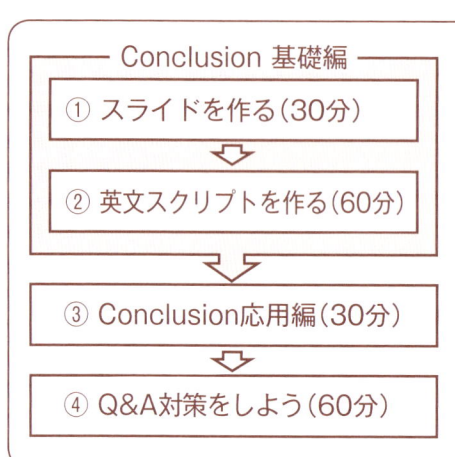

```
┌─ Conclusion 基礎編 ─────┐
│ ① スライドを作る(30分)      │    まずは「英語力に自信がない」場合のことを想定し、
│         ⇩              │    合格点をもらえるレベルの、必要最小限に抑えた準
│ ② 英文スクリプトを作る(60分) │    備をしましょう。
│         ⇩              │
│ ③ Conclusion応用編(30分)   │    余力がある人は、スライド・英文スクリプトを作る
│         ⇩              │    ときに、このレベルを目指してください。(①②をさ
│                        │    らに洗練させたバージョンをご紹介します)。
│ ④ Q&A対策をしよう(60分)   │    プレゼンの最後の関門です。Q&Aには決まった流
│                        │    れがありますので、その時々で必要になる表現をあ
│                        │    らかじめ押さえておきましょう。
└────────────────────────┘
```

Conclusionの学習には基礎編、応用編の2つを用意しています。まずは基礎編である①②に取り組んでください。英語にある程度自信のある方、時間に余裕のある方は、ぜひ③にもチャレンジしてください。スライドに載せる文字が少なく口頭でカバーする内容が多くなりますが、プレゼン上級者の視点で①②の内容を再構成していますので、必ず役立つはずです。準備はできましたか？　ではさっそく次のページに進みましょう。

[Conclusion 基礎編] スライドを作る

モデル学習時間　　　30分
実際にかかった時間　　　　分

スライドを作るに当たって、Conclusionの基本的な流れを押さえておきましょう。どのプレゼンも、通常は下記のような流れをたどります。

① プレゼンが終わりに近づいたことを告げる
② Main Bodyで伝えた内容を要約する
③ オーディエンスに期待するアクションを促す
④ お礼を言う
⑤ Q&A（質疑応答）

皆さんは、この流れに合わせて合計で2枚スライドを作ります。まず②で、Main Bodyの内容を振り返るために、Main Bodyで伝えたトピック3つを整理したスライドが必要になります。⑤は、オーディエンスの質問に答える時間ですから、問い合わせ先として「あなたの連絡先」が分かるスライドを用意します。

スライド 16/17　Main Bodyで伝えた内容を要約する

Conclusionのスライド1枚目では、Main Bodyで説明した内容の要約を伝える必要があります。従って、最もシンプルなのは、3つのトピックのサマリーを載せる方法です。

Conclusion

Why should I stock the Mobby Sound in my store?

1. Smart Sound Inc. is an innovative audio device maker with over 20 years of history, which is steadily expanding its market share around the world.

2. The mobile speaker market continues to grow and offers great business opportunities.

3. The Mobby Sound offers many competitive advantages and a wide variety of usages.

結論

なぜ私は自分の店にモビーサウンドを仕入れるべきなのか？

1. スマートサウンド社は20年を超える歴史を誇る革新的なオーディオ機器メーカーであり、世界で着実に市場シェアを拡大している
2. モバイルスピーカー市場は、成長を続け、大きなビジネスの機会をもたらしている
3. モビーサウンドには数々の競争上の優位性と、幅広い用途がある

作り方のヒント

・余力のある人は、インパクトを狙って、画像やメッセージ一言のみを載せるといったシンプルなスライドにし、Main Bodyの内容の要約を口頭でカバーしても良いでしょう(p. 107参照)。

本番まであと2日!!

⚠ アジェンダの内容と対応させよう

Conclusionのスライド スライド16/17 と、初めに作ったアジェンダのスライド スライド2/17 の内容を見比べてみてください。1、2、3がそれぞれ連動していることに気付くはずです。サンプルプレゼンの場合はアジェンダを質問形式で設定したので、Conclusionの内容は、ちょうどその答えになっています。

Agenda スライド2/17		Conclusion スライド16/17
1. Who is Smart Sound? （スマートサウンドとは何者？）	⇒	Smart Sound Inc. is **an innovative audio device maker with over 20 years of history, which is steadily expanding its market share around the world.** （スマートサウンド社は20年を超える歴史を誇る革新的なオーディオ機器メーカーであり、世界で着実に市場シェアを拡大している）
2. How Attractive is the Mobile Speaker Market? （モバイルスピーカー市場はどれだけ魅力的なのか？）	⇒	The mobile speaker market **continues to grow and offers great business opportunities.** （モバイルスピーカー市場は、成長を続け、大きなビジネスの機会をもたらしている）
3. What Can the Mobby Sound Do? （モビーサウンドは何ができるのか？）	⇒	The Mobby Sound **offers many competitive advantages and a wide variety of usages.** （モビーサウンドには数々の競争上の優位性と、幅広い用途がある）

| スライド 17/17 | Q&A |

Q&Aのスライドには、その場で質問できなかった方や後で問い合わせをしたい方のために、自分たちの連絡先情報などを載せておきます。

質疑応答

連絡先
スマートサウンド社 グローバルセールス部門

作り方のヒント

- コンタクトを取るための大切な情報です。間違いがないか入念に確認しておきましょう。

やってみよう!

Conclusionの2枚のスライドを作ってみましょう。

＜ポイント＞
・Conclusionのスライドでは、項目がアジェンダで取り上げたものと対応しているかを確認しよう。

［Conclusion 基礎編］
英文スクリプトを作る

モデル学習時間　　60分
実際にかかった時間　　　　分

スライドが出来上がったら、英文スクリプトの作成に移りましょう。Conclusionの流れは、

① プレゼンが終わりに近づいたことを告げる
② Main Bodyで伝えた内容を要約する
③ オーディエンスに期待するアクションを促す
④ お礼を言う
⑤ Q&A（質疑応答）に入る

でしたね。これに沿って、まずはQ&Aを始める部分までを作っていきます。ここで述べる英文にはパターンがありますので、以下のテンプレートの表現を活用していくといいでしょう。

🔊 23

① プレゼンが終わりに近づいたことを告げる

・Now I'm reaching the end of my presentation.
（さて、そろそろプレゼンテーションの終わりです）

② Main Bodyで伝えた内容を要約する

空所には、スライドの内容を当てはめてください。

・Let me briefly summarize[recap] the main points I've talked about today.
（本日お話しした主要なポイントを簡単にまとめます）

- First I explained that ＿＿＿＿.
  (まず、…についてお話ししました)

- Second, I showed you that ＿＿＿＿.
  (次に、…についてお伝えしました)

- Finally[Third], I explained that ＿＿＿＿.
  (最後に[3つ目に]、…をご説明しました)

③ オーディエンスに期待するアクションを促す

「プレゼンの目的に立ち返る」「アクションを促す」の2段階で考えましょう。

i) プレゼンの目的に立ち返る

- When we started, I said that after my presentation, you would ＿＿＿＿.
  (冒頭で、私は、このプレゼンの終了後には皆さんが…するでしょう、とお話ししました)

ii) アクションを促す

- Now I believe you can ＿＿＿＿.
  (今や皆さんは…できると信じております)

- In closing, I'd like to stress that ＿＿＿＿.
  (最後に、…であると強調したいと思います)

- Now, I would like you to ＿＿＿＿.
  (これから、皆さんに…していただきたいと思っております)

- I'm convinced that ＿＿＿＿.
  (私は…であると確信しています)

- We're looking forward to doing business with you.
  (皆さんと一緒にお仕事することを楽しみにしております)

④ オーディエンスにお礼を言う

- Thank you very much.
  (どうもありがとうございました)

- Thank you for your attention.
  (ご清聴ありがとうございました)

- Thank you for joining us today.
  (本日はご参加くださいましてありがとうございました)

- Thank you for attending my presentation today.
  (本日は私のプレゼンにご参加くださいましてありがとうございました)

⑤ Q&Aに入る

- Now we'll have a question and answer session for ～ minutes. Does anyone have any questions?
  (これから、質疑応答のセッションを～分間持ちたいと思います。どなたか何か質問がございますか？)

サンプルプレゼンのConclusion（基礎編）

スライド 16/17

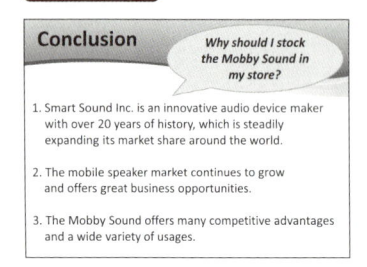

> **Conclusion**
> *Why should I stock the Mobby Sound in my store?*
>
> 1. Smart Sound Inc. is an innovative audio device maker with over 20 years of history, which is steadily expanding its market share around the world.
> 2. The mobile speaker market continues to grow and offers great business opportunities.
> 3. The Mobby Sound offers many competitive advantages and a wide variety of usages.

🔘 24

> プレゼンが終わりに近づいたことを告げる

Now I'm reaching the end of my presentation.

> Main Bodyで伝えた内容を要約する

Let me briefly summarize the main points I've talked about today.

First, I explained that Smart Sound Inc. is an innovative audio device maker with over 20 years of history, which is steadily expanding its market share around the world.

Second, I showed you that the mobile speaker market continues to grow and offers great business opportunities.

Finally, I explained that the Mobby Sound offers many competitive advantages and a wide variety of usages.

> オーディエンスに期待するアクションを促す

When we started, I said that after my presentation, you would understand why you should stock this product in your store.

Now I believe you can see how beneficial it will be to sell our amazing Mobby Sound in your store.

With its great product value and competitiveness, I'm convinced that the Mobby Sound will wow your customers and boost your store's sales. We're looking forward to doing business with you.

> オーディエンスにお礼を言う

Thank you so much.

スライド 17/17

● 25

> Q&Aに入る

Now we'll have a question and answer session for five minutes. Does anyone have any questions?

さて、そろそろプレゼンテーションの終わりです。

本日お話しした主要なポイントを簡単にまとめます。

まず、スマートサウンド社は20年を超える歴史を誇る革新的なオーディオ機器メーカーであり、世界で着実に市場シェアを拡大していることをお話ししました。

次に、モバイルスピーカー市場は成長を続け、大きなビジネスの機会をもたらしていることをお伝えしました。

最後に、モビーサウンドには数々の競争上の優位性と、幅広い用途があることをご説明しました。

冒頭で、私は、このプレゼンの終了後には皆さんがなぜこの製品をあなたのお店で取り扱うべきかが分かるようになっているでしょう、とお話ししました。

今や皆さんはわれわれの素晴らしいモビーサウンドをあなたのお店で販売することがいかに有益なことかお分かりだと思います。

その優れた製品価値と競争力で、モビーサウンドは顧客の心をつかみ、あなたのお店の売り上げを牽引するものと、確信しています。皆さんとお取引ができますことを楽しみにしております。

どうもありがとうございました。

これから、質疑応答のセッションを5分間持ちたいと思います。どなたか何か質問はございますか？

Conclusion 応用編

モデル学習時間　30分
実際にかかった時間　　　分

さて、プレゼンの最後ということで、少し英語力に自信のある人には、よりオーディエンスの心に届きそうな、印象に残るストーリー(②)を盛り込んだConclusionに挑戦してもらいましょう。それ以外の構造は基本編と同じです。

① プレゼンの終わりに近づいたことを告げる
② 印象に残る最後のストーリーを話す
③ Main Bodyで伝えた内容を要約する
④ オーディエンスに期待するアクションを促す
⑤ お礼を言う
⑥ Q&Aに入る

どんなことを話したら印象に残ると思いますか？　方法はいろいろだと思います。例えばちょっとしたサプライズを入れたり、感情に訴える話をしたり、テーマにぴったりな格言やことわざを引用したりする手法があります。また、緊急性を訴えるのも1つです。製品やサービスを売り込むにしても、改善案を受け入れて実行してもらうにしても、「今やらないと機会喪失ですよ」と訴える。なぜそのアクションを「今」取る必要があるのかを伝えられれば、オーディエンスをより動かしやすくなりますよね。

応用編には特にテンプレートはありませんが、モビーサウンドのケースを例にとって、ストーリーを盛り込んだものを見てぜひ参考にしてみてください。ここでは、

オーディエンスの印象に残るストーリーとして、モビーサウンドの販促キャンペーンについて触れています。オーディエンスである現地リテーラーに多少のわくわく感を与えつつ、「今仕入れなくては！」と思わせるのが狙いです。

Conclusion基礎編のスライドでは、Main Bodyで話した3つのトピックの要約が掲載されていました。応用編のスライドでは、これらを口頭でのみ伝えます。

作り方のヒント

イメージなどを載せてビジュアル的に訴え、文字情報は最小限にとどめる。

応用編 スライド 1/3

Marketing Problems? No Worries!

The Mobby Sound Promotional Campaign
- TV commercials featuring Johnny Kia
- Press presentation : August 1
  Blue Royal Hotel

マーケティングの問題？心配ありません！

モビーサウンドのプロモーションキャンペーン
Johnny Kiaをフィーチャーしたテレビコマーシャル
プレス向けプレゼン：8月1日、ブルーロイヤルホテルにて

本番まであと2日!! 2

応用編スライド 2/3

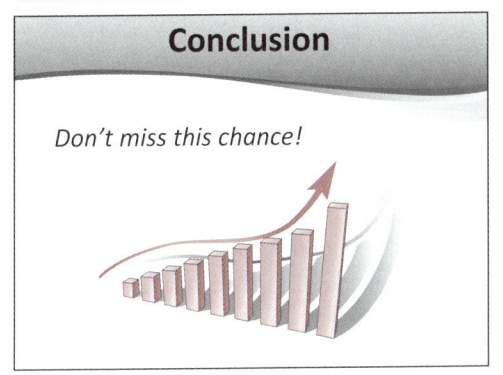

> Conclusion
> Don't miss this chance!

結論

この機会を逃してはなりません！

応用編スライド 3/3

> Q & A
> Contact us:
> Smart Sound Inc., Global Sales Department
> aiyoshida@smart-sound.com
> www.smart-sound.com
> +81-0-1234-5678

（ スライド17/17 と同じ）

あと5日!!　あと4日!!　あと3日!!　**あと2日!!**　あと1日!!　フレーズ集

続いて、これらのスライドに対応する英文スクリプトを見てみましょう⇒

Conclusion 基礎編
ガイダンス ➡ スライドを作る ➡ 英文スクリプトを作る ➡ Conclusion 応用編 ➡ Q&A 対策をしよう

107

サンプルプレゼンのConclusion（応用編）

応用編 スライド 1/3

英文スクリプトのポイント

❶「最後に1つだけ」と言って、もう一度オーディエンスの興味を引く。
❷ 大規模なキャンペーンであることを数字で伝える。
❸ 期限を設定することでオーディエンスの行動を促す。
❹ オーディエンス側にメリットがあることを伝える。

🔴 26

プレゼンの終わりに近づいたことを告げる

Now I'm reaching the end of my presentation, ❶ but before I wrap up, let me tell you one more thing.

印象に残る最後のストーリーを話す

It's about our promotion campaign. We're excited to be launching our TV commercials featuring current chart-topping musician, Johnny Kia.

The commercials feature Johnny demonstrating the Mobby Sound and will be accessible to ❷ millions of viewers, appearing on networks such as MTV and VH1. The commercials will also appear on our company website, YouTube, and selected Internet channels.

❷ With over 100 million viewers of those channels, our company believes it is targeting an ideal set of music lovers and sound device buyers to promote the Mobby Sound. On top of that, a press presentation for the Mobby Sound is to be held next month at the Blue Royal hotel. Celebrities, the press, and our major business partners and clients are invited to the event. ❸ If you start business with us before the end of this month, I can send you an invitation too!

❹ One significant benefit to you is that your sales will have the full support of our Mobby Sound advertising and marketing campaign.

さて、プレゼンの終わりに近づいていますが、締めくくる前に、もう1つだけお伝えしたいことがあります。
それは、われわれの販促キャンペーンについてです。なんと、最近トップチャートを賑わしているミュージシャンのJohnny Kiaをフィーチャーしたテレビコマーシャルを打ち出します。
そのコマーシャルは、モビーサウンドを使うJohnnyをフィーチャーし、MTVやVH1といったネットワークで流すことで、何百万人という視聴者に届く予定です。そのコマーシャルはわが社のウェブサイト、YouTube、また厳選されたインターネットチャンネルでもご覧いただけるようになります。
1億人を超えるそれらのチャンネルの視聴者に訴えることで、わが社は、音楽愛好家や音声機器のバイヤーという理想的な組み合わせを狙って、モビーサウンドのプロモーションができると確信しています。
さらには、プレス向けのモビーサウンドのプレゼンテーションが、来月ブルーロイヤルホテルで開かれる予定です。著名人や、プレス関係者、そしてわが社の主要な取引先やクライアントがそのイベントには招待されています。もし、今月末までにわが社と取引を始めてくださったら、あなたにも招待状をお送りしますよ！
あなた側の大きなメリットは、モビーサウンドを売るに当たって、わが社の広告・販売キャンペーンという全面的な支援が十分受けられることです。

応用編 スライド 2/3

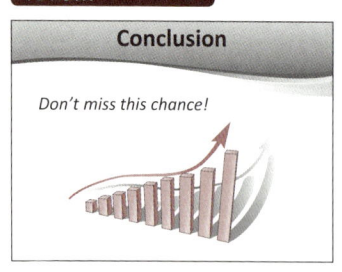

Conclusion

Don't miss this chance!

英文スクリプトのポイント

❶ 自信のある提案であることを積極的に伝える。

- Main Bodyで伝えた内容を要約する
- オーディエンスに期待するアクションを促す

🎧 27

In conclusion, ❶ I'm confident that from what you've seen today, it'll make sense for you to stock the Mobby Sound in your store.

The mobile speaker market is growing rapidly and is a huge opportunity for your business. With its great product value and competitiveness, and our extensive promotional campaigns, ❶ I'm convinced that the Mobby Sound would boost your store's sales. We're looking forward to doing business with you.

- お礼を言う

Thank you very much.

応用編 スライド 3/3

```
Q&A

Contact us:
Smart Sound Inc., Global Sales Department
aiyoshida@smart-sound.com
www.smart-sound.com
+81-0-1234-5678
```

英文スクリプトのポイント

❶ Q&A後の流れについて補足しておく。

🔴 28

[Q&Aに入る]

Now we'll have a question and answer session for five minutes. ❶ After the session, I can meet with you individually to explain the price and how you can proceed. Does anyone have any questions?

結論としましては、本日皆さんにご覧いただいた内容からも自信を持って言えるのが、モビーサウンドを取り扱うことは、皆さんにとって非常に意義があるということです。

モバイルスピーカー市場は急速に成長しており、皆さんのビジネスにとって非常に大きなチャンスです。その優れた製品価値と競合優位性、そしてわれわれの大々的なプロモーションキャンペーンによって、モビーサウンドはあなたのお店の売り上げを牽引(けんいん)するものと確信しています。皆さんとお取引ができますことを楽しみにしております。

どうもありがとうございました。

これから、質疑応答のセッションを5分間持ちたいと思います。質疑応答の後、価格や今後の進め方については個別にご説明させていただきます。どなたか何か質問がございますか？

Q&A 対策をしよう

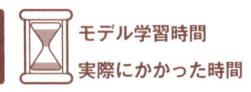

モデル学習時間　　60分
実際にかかった時間　　　　分

いよいよ最後の関門であるQ&A(質疑応答)の時間です。ご自身の業務分野の知識に加えて真の英語力——聴いて理解する力と話す力——の両方が試されます。従って、一番の対策は、日頃から英語のリスニング力とスピーキング力を鍛えておくことでしょう。とはいえ、今お持ちの英語力でQ&Aを乗り切らなければならないあなたのために、ここから直前対策のヒントをお伝えいたします。

1. 事前準備を怠らないで

Q&A対策として、まずやっておくべきなのは、**事前に予想される質問を洗い出す**ことです。英語ばかりに気を取られて、一番肝心な、質問に対する回答を提示できなければ話になりません。業界や分野によって、よく聞かれる質問や、典型的な問題点があるはずです。こうした質問に対する回答をできるだけ準備しておきましょう。

典型的な質問項目

・時間、納期に関わるもの(いつまでに、どのくらいの期間で実施するのか)
・コスト(どれだけ費用がかかるのか)
・実現可能性(本当にやれるのか、売れるのか)
・質、能力(製品やサービスの質は保証できるのか)

2. 定型表現は丸暗記する

どんなQ&Aでも、必ず使う定型表現があります。従って、皆さんは、プレゼン本番でそれらが口からすっと出てくるまで、何度も練習しておく必要があります。ここでは、Q&Aの流れに沿って、Step 1〜4に分けて整理します。

Step 1. 質問の意図を理解、確認する
Step 2. 相手の質問を肯定的に認める
Step 3. 質問に答える
Step 4. 質疑応答を終わらせる

Step 1. 質問の意図を理解、確認する　　🔴 29

質問されるということは、その人が自分のプレゼンに興味を持ってくれているという証拠。質問を聞き取れなかったら、落ち着いて相手に繰り返してもらいましょう。真摯に応じればその姿勢は伝わるものです。

＜もう一度質問を言ってほしかったら＞

・I'm sorry, I don't follow you. Could you repeat that please?
　（すみませんが、よく分かりません。もう一度おっしゃっていただけますか？）

・Can we get him a microphone?
　（彼にマイクを渡してもらえますか？）

＜質問の英語がどうしても聞き取れなかったら＞

・Could you speak more slowly?
　（もう少しゆっくりお話しいただけますか？）

・Could you speak in simpler English?
　（もう少しやさしい英語でお話しいただけますか？）

＜質問の内容を確認したかったら＞

- Let me see if I understand you correctly. Are you suggesting …?
  (私の理解が正しいか確認させてください。あなたが提案されているのは…でしょうか？)

- Are you saying …?
  (あなたがおっしゃっているのは…ですか？)

Step 2. 相手の質問を肯定的に認める　　🔘 30

相手の質問に回答する前には、内容を肯定的に受け止める一言を入れましょう。

- I'm glad you've raised that question[point].
  (その質問[ポイント]を挙げてくださってありがとうございます)

- That's a good point.
  (それは良いポイントですね)

Step 3. 質問に答える

質問に答える際の表現は、その場で「答えられる」「答えられない」の2つに分けて覚えておきましょう。いずれのケースでも、事実と理由を、シンプルかつ中立的な表現で伝えるようにしましょう。

A) その場で答えられるとき　　🔘 31

- The answer (to that question) is yes. ＋ 理由
  (その質問に対する答えはイエスです。なぜなら…)

- I agree with you. ＋ 説明
  (あなたの意見に同意します。というのは…)

- The answer (to that question) is no. ＋ 理由
  (その質問に対する答えはノーです。なぜなら…)

＜すでに見せたスライドのどこかに立ち戻って説明をしたいとき＞

・I think I can best answer your question by going back to ….
（その質問には、…に戻ってお答えするのが一番かと思います）

＜質問に答えた後、伝わっているかを確認したいとき＞

・Does that answer your question?
（これで質問の答えになりましたか？）

> ⚠️ **Yesでないときは、なぜなのかを特に説明しましょう！** 🔊 32
>
> 例 ・The answer to that question is no. This is simply because of Japanese government regulations.
> （その質問に対する答えはノーです。これは単に日本政府の規制によるものです）
>
> ・I think the answer is, "It depends," because each regional office has different capacity.
> （その答えですが「時と場合による」と思います。といいますのも、各支社の許容量は違いますから）

B) その場で答えられないとき　　　🔴 33

その場で答えられないときは、回答を先送りにするか、その場に情報を持っている人が同僚、オーディエンスの中にいそうな場合は、質問を振ることもあります。

＜回答を先送りにする＞

・I don't have that information here today, but I'll be sure to email it to you by the end of this week. Could you give me your contact information?
(今日はその情報を持ち合わせておりませんが、必ず今週中にEメールでお送りいたします。ご連絡先をいただけますか？)

・I don't want to give you inaccurate information, so let me get back to you in a few days.
(不確かな情報をお伝えしたくないので、数日以内に返答させてください)

＜他の情報ソースに振る＞

・I believe Mr. Abe in our product development team can answer that question.
(製品開発チームの阿部がその質問にお答えできると思います)

・Does anyone have any thoughts on that?
(どなたかそれについてお考えのある方、いらっしゃいますか？)

> 回答を先送りにする場合も、あくまでプロフェッショナルに、今手元に回答がないことを誠実に伝えた上で、いつまでに回答をどういう手段で伝えるか、を明確にしましょう。

Step 4. 質疑応答を終わらせる　🔴 34

締めくくりは以下の3パターンを覚えておきましょう。

＜質問があまり出ないとき＞

・If there are no more questions, I'd like to take this opportunity to thank you again.
(これ以上質問がないようでしたら、この場を借りてあらためてお礼を申し上げます)

＜時間が余っていて、もう少し質問を受けられそうなとき＞

・Any other questions?
(他に質問はありますか？)

＜時間がなくなって、もう質問を受けられないとき＞

・I'm afraid we are out of time.
(残念ながら時間がなくなってしまいました)

やってみよう!

Step 1〜4の表現(pp. 113-117)を声に出して練習します。全文最低3回ずつ音読し、音、意味、口の筋肉の動きを定着させましょう。その後、今度はできるだけ英語を見ないようにしながら言ってみましょう。

> Q&Aに慣れるには、ロールプレーをして練習するのが一番。明日の学習で、リハーサルについて話をしますが、そのときにまでにこれらの表現がすっと口から出てくるようにしておきましょう。

本番まであと1日!!

いよいよプレゼン前日です。この最後の1日の使い方次第であなたの当日のプレゼンの良し悪しに大きな影響が出ることになりますから、気持ちを引き締めて、最後の頑張りを見せてください！

今日の目標
・プレゼンを仕上げる4つのプロセスを実践します。

ここまで、わずか4日間(!)で、プレゼンのスライドとスクリプトを作り上げてきました。今日は、本番当日を迎えるに当たって欠かせない、最終確認とリハーサルを取り上げたいと思います。

皆さんは、これまで多くのプレゼンを見てきたはずです。その中には、「この人の話しぶりから揺るぎない自信が伝わってくる」「この人の説明には思わず納得させられてしまう」と感じることがあったのではないでしょうか。そうしたプレゼンは、例外なく、リハーサルを含めた準備に、かなりの時間を費やしているものです。実は、オーディエンスの心をつかむプレゼンは、プレゼンターの才能から生まれるものではなく、努力が結実したものなのです。

今回、このレッスンでは、切羽詰まった状況を想定して、短期間でプレゼンを仕上げる形を取っています。しかも皆さんは、すべてを英語で行わなければなりません。

母語以外の言語で、自分の考えを数十分話し続けるというのは、そもそもハードルの高い作業だということはお分かりでしょう。本番が成功に終わるかどうかは、この最後の1日にかかっているといっても過言ではありません。ですから、どうか気を抜かずに準備を進めてください。もう少しで、ここまで皆さんが費やしてきた努力が報われるんですから！　今日の学習内容です。

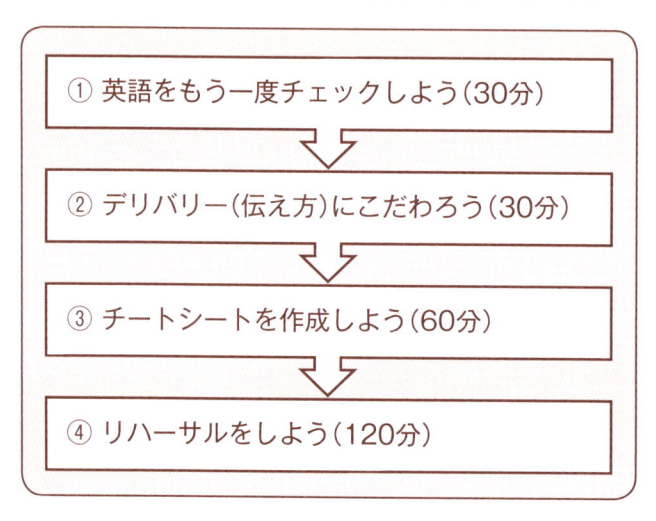

```
① 英語をもう一度チェックしよう(30分)
            ↓
② デリバリー(伝え方)にこだわろう(30分)
            ↓
③ チートシートを作成しよう(60分)
            ↓
④ リハーサルをしよう(120分)
```

④のリハーサルは、プレゼンに不慣れな方が意外に軽視しやすい項目です。まとまった時間も必要になりますし、労力の要る作業ですが、プレゼンを無事に終えるためには欠かせないプロセスです。ぜひ妥協せずにやってみてくださいね。ではさっそく学習を始めましょう。

本番まであと1日!!

英語をもう一度チェックしよう

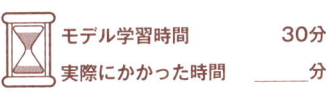

モデル学習時間　30分
実際にかかった時間　＿＿＿分

完成させたスライドと英文スクリプトを、最後にもう一度だけチェックしておきましょう。ネイティブスピーカーや英語が堪能な同僚に見てもらうのが理想ですが、そのような人が周りにいないこともあるでしょう。そんな場合は、最低限、以下に従ってチェックしてください。

① 英語のスペルを機械的に確認する

MicrosoftのソフトウエアであるWordやPowerPointには、入力した単語や文章の間違いを正してくれる機能が付いています(「スペルチェックと文章校正」というオプションを選択するか、F7キーを押して実行します)。自分の意図しない変更が加わってしまう場合もあるので、おかしな単語・表現に変わってしまっていないかを確認しながら反映する必要がありますが、ぜひ活用してほしい機能です。

＊操作方法は、WordやPowerPointのバージョンによる違いもあり得ますので、詳しくはソフトウエアのヘルプを確認してください。

② 主語と動詞がきちんと対応しているか

そのアクションの主体が誰なのか、誤解のないよう伝えましょう。日本語の文は、主語を省略しても大抵の場合、意味が伝わりますが、そのような文を英訳すると、必要なところに主語がない英文ができてしまします。

> **例** 早急に対応します。　＊日本語では主語と目的語がない
> ⇒ I'll handle that immediately.　＊英語では両方とも入れなければならない

③ 時制を確認する
現在のことは現在形、過去のことは過去形、未来のことは未来を表す表現を使って、そして、進行中のことは進行形で書く必要があります。例えば、過去の事実（実績、出来事など）を述べる際に現在形を使うと、聞き手に誤ったメッセージが伝わってしまう可能性があります。

④ 単数・複数
英語では1つなのか、2つ以上なのかをしっかり区別して話します。知識としては知っていても、いざ自分で英文を書いてみると、意外にこれを間違えてしまうものです。スクリプトにある名詞が複数形だったら、ちゃんとsが最後に付いているかをチェックしておきましょう。

⑤ 三人称単数現在
④と同じく、基本ですがうっかりしやすいポイントです。

> **例** Our company don't ⇒ Our company doesn't
> Do your boss say ...? ⇒ Does your boss say ...?

これをきちんと守れば、あなたの英語はよりプロフェッショナルに聞こえます。

⑥ 能動態と受動態
日本語はそもそも「される、られる」という受け身で物事を表現することが多いのに対し、英語では「誰が、何をする」という能動での表現が圧倒的に多いものです。

日本語の方が受動表現だからと言って、そのまま英訳してしまうと、語数が増えて能動態より長い文になり、聞き手や読み手に負担を掛けます。またニュアンスも間接的になります。できるだけ能動態を使った英文を作るよう心掛けましょう。

本番まであと1日!!

例 タブレットの人気によってデジタルコンテンツの売り上げが促進されることが、専門家によって予測されている。

(◯) Experts estimate that the popularity of tablets will promote the sales of digital contents.

(△) It is estimated by experts that the sales of digital contents will be promoted by the popularity of tablets.

💡 Googleを活用しよう

サーチエンジンのGoogleは、英語の使い方の正しさを確認するための大きな味方です！「この英語表現、正しいかな？」と思ったら

① www.google.com/intl/en（検索結果を英語版にする）を開く
② 調べたい表現を" "（ダブルコーテーション）の中に入れて検索する（検索結果には、それと完全一致するもののみが現れる）

という手順で調べましょう。すると、その表現がそのまま使われている使用例の文章とその使用例の数が表示されます。その数を見れば、その表現が通りのいいものかどうかある程度判断できます。2つの表現で悩んだときに、両方を検索してみて、ヒット数の多い方を使うということもできます。

例 「努力する」は make an effortかdo an effort か
"make an effort" ⇒ 検索結果132,000,000件
"do an effort" ⇒ 検索結果1,040,000件
⇒ "make an effort"が圧倒的に一般的だと判断できる（この場合は、前者が正しいコロケーション）

デリバリー(伝え方)に こだわろう

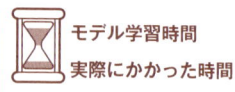

モデル学習時間　　　30分
実際にかかった時間　　　　分

ジェスチャーやジョーク交じりに自信たっぷり人前で話をするプレゼンターを見て、「伝えるのがうまいなあ」と感じたことがあると思います。実は、話す内容は大したことがなくても、デリバリー(伝え方)1つで、聞き手の抱く印象が変わるといっても言い過ぎではないのです。

皆さんも、グローバルなビジネス環境で発信する以上、できるだけ「自信」を持って話す努力をしましょう。気を付けなければならないのは、姿勢・声・視線・ジェスチャー・表情の5つです。

姿勢　リラックスしてオーディエンスを受け入れる

プレゼンターがガチガチになると、オーディエンスにもその緊張が伝わってしまいますので、多少リラックスした姿勢を取りましょう。顔を上げ、肩と胸を開くことで、エネルギーもみなぎってきます。堂々とバランスよく立ち、両腕は自然に体のサイドに。

> ⚠ **やってはいけないこと**
> - スライドだけを見てオーディエンスにお尻を向ける
> - 原稿を見ようとして、前かがみ、うつむき加減になる
> - 腕を組む、もみ手をする、脚をクロスさせる

本番まであと1日!!

声　　声「伝える」を意識する

内容が優れていても、オーディエンスにきちんと届かなければ意味がありません。また、抑揚の少ない日本語と同じように英語を話すと、非常に単調で、思いが伝わりにくくなる可能性もあります。

① 声の大きさの目安
「10のうちの7〜8」です。あなたが出せる声の最大音量を10としたとき、7〜8を出してみてください。かなり大きく感じる位でちょうどいいです。

② 声の高さ
自信を見せるには、甲高い声は禁物。多少低めのおなかから出る声を使いましょう。

③ 声質
重要な単語(名詞、動詞、形容詞、副詞など意味を含むもの)は、特にはっきりと、そして少しトーンを上げて発音し、そうではない単語(前置詞、接続詞など機能として使われるもの)はさらりと言うのがポイントです。Conclusionなど、最後にオーディエンスに訴え掛けるときなどは、声にエネルギーを込めて伝えましょう。

視線　　オーディエンスを満遍なく見る

プレゼン時は、まず会場全体をさっと見渡します。次に、One person for one thought (1つの考えに1人)の要領でアイコンタクトをしていきます。1つの考えを言い終えるまで同じ人に視線を固定します。会場の前の方の人だけでなく、左右、後ろの方の席の人ともなるべく満遍なくアイコンタクトをするように心掛けましょう。

<1人とアイコンタクトする長さの例>

"Language teachers, yoga or dance instructors are good examples of users who will benefit. They can carry this compact speaker to teach anywhere, with a great sound."
(語学講師、ヨガやダンスのインストラクターは、[モビーサウンドの]恩恵を得られるユーザーの好例です。彼らは、このコンパクトなスピーカーを携帯することで、場所を問わず素晴らしいサウンドで教えることができるのです)

⚠ Q&Aの際の視線

質問をしてくれている人の顔を、質問に答え終わるまでしっかり見るのがマナーです。日本人の多くには上を仰ぎみて「今考え中…」のジェスチャーをする習慣がありますが、これは日本人以外(特に西洋人)に対しては通じず、相手に不快感を与えますので気を付けましょう。

ジェスチャー　意図的に動く

グローバル企業のCEOやTEDなどでプレゼンをする人たちが、会場を動き回ってジェスチャーたっぷりにプレゼンするシーンを見たことがある人も多いでしょう。しかし、何となくまねをしてむやみに動き回ろうとすると、ただの落ち着きのない人になるので要注意です。「意図のある動き」をしなければなりません。

①ホームベースを決める

ノートパソコンを置く演壇の前でも、ステージの中央でもいいですが、「ホームベース」を定め、そこを起点にして、動くだいたいの範囲を決めましょう。動いたら、またホームベースに戻るようにしましょう。

②Purposeful Strides（意図的な前進）

アイコンタクトはOne person for one thoughtという話をしましたが、その目を合わせている相手の方に向かってゆっくり歩き、話し終わったところで足を止めるのがコツです。そこまで歩くスペースがない場合は、つま先、体をその相手に向けましょう。

③腕を効果的に使う

マイクを手に持っていることもあると思いますが、自由になる腕は、基本的には体の横に自然におろし、強調したいときには思い切ってひじから上げ、胸よりも高い位置になるようにしましょう。手のひらは自然に開いておきます。

表情　明るくポジティブに

要所要所で笑顔は大事ですが、へらへらすると自信が感じられません。目には力を入れましょう。口角にも意識を向けましょう。口角が下がっていると、固い印象を与えてしまいます。

また、質問をしてくるオーディエンスに対しては、ついつい警戒心が顔に出てしまいがちなので、できるだけ明るい表情をするよう心掛けましょう。

チートシートを作成しよう

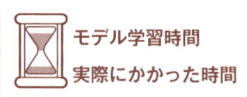

モデル学習時間		60分
実際にかかった時間		____分

「本番で頭が真っ白になったときの保険」として、チートシート(カンニングペーパー)を作っておきましょう。ただ、初めからチートシートに頼る気持ちで作ってはいけません。まずは、英文スクリプトを頭にたたき込む努力をしてください。チートシートは、見ればすぐにスクリプトの文章が頭に浮かぶような手掛かり的な役割を果たすものだ、と考えておくと良いでしょう。

チートシートは自分が見やすいように作るのが一番です。Main Bodyについては、なるべく1枚で収まるようにしましょう(プレゼンの途中にあわててめくらなくて済みます)。

※チートシートのフォーマット(Excelファイル)をダウンロードできます。ダウンロードの方法は、p.11をご確認ください。

本番まであと1日!!

> チートシート作成手順の例

＜Introduction / Conclusion＞

① 時間配分および、スクリプト中の覚えにくい表現を書き込む
② チートシートだけを見ながら口頭で練習してみて、足りないものを追記する

Introduction	Time	Contents
自己紹介	分	
プレゼンの目的	分	
アウトラインの説明	分	

Conclusion	Time	Contents
・プレゼンが終わりに近づいたことを告げる ・Main Bodyで伝えた内容を要約する	分	
・オーディエンスに期待するアクションを促す ・お礼を言う	分	
Q&A	分	

余力のある人はシート中の日本語をすべて英語にしてみましょう。

英文スクリプトを少しゆっくり音読し、本番もそのくらいの所要時間でいこうと決めて記入します。

自分がだいたい割くであろう予想所要時間を見積もって記入します。

できるだけ英文スクリプトの完成形を書かないよう心掛けましょう。

＜Main Body＞

① 各トピックで話す主なポイント、および時間配分を書き込む
② スクリプト中の覚えにくい表現や文などを、記入していく
③ チートシートだけを見ながら音読練習してみて、足りないものを追記する

Main Body		Time	Contents
トピック1 会社概要	スマートサウンド社は何を提供する会社か？	分	
	会社の沿革、拠点などの基本データ	分	
	会社の売り上げ実績、市場シェア	分	
トピック2 市場トレンドと顧客ニーズ	市場概要、市場規模とポテンシャルについて	分	
	調査結果に基づいた顧客ニーズ	分	
	顧客ニーズを満たすべく開発された新製品	分	
トピック3 新製品モビーサウンドの具体的な説明	本製品の主な特長	分	
	競合製品との比較	分	
	・本製品のさまざまな用途、活用例 ・本製品のビジネスシーンでの利用方法	分	

あなたのプレゼンに沿った内容を書き込みます。

伝える内容の重要度によってトピック間で時間のバラつきがあってももちろん構いません。

各セクションの「言い出し」や「前置き」の表現を書いておくと、スムーズにプレゼンを展開できます。

リハーサルをしよう

モデル学習時間　　120分
実際にかかった時間　　　　分

最後にリハーサルを行いましょう。目的は「ぼろぼろな自分を体感する」ことです。自分の出来にショックを受けるかもしれませんが、この作業を通じて、自分自身のたくさんの癖に気付くことができます。このプロセスで、自分の弱みを把握し、改善の努力をすることが成功の秘訣です。リハーサルは2段階で行うのが理想です。

① 自己リハーサル
できた点、できなかった点を自分で確認するため、ビデオカメラで録画することをお勧めします。

② 他人の前で最終リハーサル
同僚や周りの人に参加してもらいます。Q&Aでは質問をしてもらうと良いでしょう。

リハーサルの際には、次ページのチェックリストの項目ができているかどうかを目安に、自分の弱点を把握するのが良いでしょう。他人の前で行う最終リハーサルの際には、見てくれる人たちにチェックリストを渡して率直なフィードバックをもらい、本番までにできる限り改善に努めてください。

＜リハーサルチェックリスト＞

※チェックリスト(Excelファイル)をダウンロードできます。ダウンロードの方法は、p. 11をご確認ください。

Introduction
☐ スムーズに自己紹介できたか
☐ プレゼンの目的を明確に伝えたか
☐ アウトラインの説明を時間も含めて分かりやすく伝えたか

Main Body
☐ 3つのトピックがプレゼンの目的を果たすための有効な情報になっているか
☐ 各トピックにはオーディエンスが理解するのに十分な情報が含まれているか
☐ スライドのタイトルは、分かりやすいメッセージになっているか
☐ 文字や図や表は見やすくレイアウトされているか
☐ ディバイダーが入り、トピック、スライド間の移動もスムーズだったか
☐ 図や表を分かりやすく説明できたか
☐ 描写、比較、提案などの言語行為を果たす表現を有効に使って話せたか

Conclusion
☐ プレゼンが終わりに近づいたことを告げたか
☐ Main Bodyの内容を要約できたか
☐ オーディエンスに期待するアクションを促せたか
☐ お礼を述べたか

Q&A
☐ 予想される質問への答えは準備したか
☐ 質問の意図を理解、確認したか
☐ 相手の質問を肯定的に認めたか
☐ 質問に明快に答えたか
☐ 質問に答えられないときは、別の手段か、追って回答する旨を伝えたか
☐ 時間が来てQ&Aを終わらせるとき、お礼を言えたか

└ 他人の前で最終リハーサルをするときにのみ確認する項目

本番まであと1日!!

英語表現	
☐	スライドの英語表記にスペルや文法の誤りはなかったか
☐	主語と動詞が一致し、誰が何をする、した、が明確に伝わったか
☐	正しい時制を使って話せたか
☐	単数複数、三人称単数といった、英語特有の点にも気を付けられたか
☐	受動態の文ばかりにならなかったか
☐	不自然、意味の通じない表現はなかったか
☐	発音がおかしい単語やフレーズがなかったか

デリバリー	
☐	予定された時間配分を守れたか
☐	姿勢は良かったか
☐	声は十分なボリュームと、自信に満ち、必要に応じて変化させられたか
☐	正しくアイコンタクトができたか
☐	ジェスチャーは効果的に、意図のある動きにできたか
☐	表情には自信と明るさを出せたか

その他	
☐	
☐	

> 5日間という短い間でしたが、ここまでよく頑張ってきましたね。準備ができたことで、自信がきっと表情にも表れてくるはずです。本番の成功を祈っています！ Good luck!

ガイダンス ➡ 英語をもう一度チェックしよう ➡ デリバリー(伝え方)にこだわろう ➡ チートシートを作成しよう ➡ リハーサルをしよう

言いたいことをすぐ探せる！ 場面別フレーズ集

ここまでに紹介したフレーズと、追加で覚えておきたいものをリストにしています。CD音声では、フレーズが読まれた後にリピートのためのポーズが続きます。声に出して覚えるようにしましょう。

Introduction

自己紹介　　🎧 35

○**あいさつ**

皆さん、こんにちは。

- Hello everyone.

おはようございます[こんにちは]、皆さん。

- Good morning[afternoon], ladies and gentlemen.

私のプレゼンへようこそ。

- Welcome to my presentation.

○**参加してくれたことに感謝する**

本日は私のプレゼンテーションにお越しくださり、ありがとうございます。

- Thank you for coming to my presentation today.

○名前・役職・会社名などを述べる

私は(吉田愛)と申します。(スマートサウンド社)で(セールスディレクター)をしています。

- **My name is** Ai Yoshida. **I'm** the sales director **at** Smart Sound Inc.

私は(スマートサウンド社)で(グローバルセールス部)の責任者を務めています。

- **I'm in charge of** the global sales department **at** Smart Sound Inc.

○自分の業績を述べる

私には(オーディオ機器の営業とマーケティング)で(10年を超える)経験がございます。

- **I have** over 10 years **of experience in** audio device sales and marketing.

プレゼンの目的を述べる　　🔘 36

○何について話すか伝える

本日のプレゼンテーションの目的は、(わが社の素晴らしい新製品、モビーサウンドをご紹介する)ことです。

- **The purpose of today's presentation is to** introduce our exciting new product, the Mobby Sound.

本日は、(わが社の素晴らしい新製品、モビーサウンド)についてお話しいたします。

- Today, I'm going to talk about our exciting new product, the Mobby Sound.

本日私がここにおりますのは、(わが社の素晴らしい新製品、モビーサウンドをご紹介する)ためです。

- Today, I'm here to introduce our exciting new product, the Mobby Sound.

○ **オーディエンスにどうなってほしいか伝える**

このプレゼンテーションの終了後／終わりには、なぜ(この製品をあなたのお店に仕入れる)べきか、ご理解いただけると思います。

- After my presentation, you will understand why you should stock this product in your store.

- At the end of my presentation, you will understand why you should stock this product in your store.

このスピーチが終わるまでに、(この製品をあなたのお店に仕入れ)たくなる情報を得るでしょう。

- By the end of my speech, you'll have the information that will make you want to stock this product in your store.

アウトラインを述べる 🔴 37

○**切り出す**

本日のアジェンダを見てみましょう。

- Let's look at today's agenda.

○**スライドの大枠を紹介**

このプレゼンテーションでこれからお話しすることはこちらです。お話しする内容は3つございます.

- Here is what I'm going to talk about in this presentation. I have divided my speech into three parts.

○**コンテンツを順番に説明**

初めに(市場調査結果について説明します)。次に、(われわれの事業目標に焦点を当てます)。最後に、(われわれの新しいマーケティング戦略についてお話しします)。

- First, I'll explain the market research findings. Second, [And then, / Next,] I'll highlight our business goals. Finally[And then], I'll talk about our new marketing strategies.

○**所要時間を説明**

これから(30)分ほどお話しいたします。

- I'll be speaking for about 30 minutes.

私のプレゼンテーションの所要時間はおよそ(30)分です。

- My presentation will last approximately 30 minutes.

○ **質問を受け付けるタイミングを説明**

〈最後にまとめて質問を受ける場合〉

プレゼンの最後に質疑応答の時間を設ける予定です。

- We'll have a question and answer session at the end of the presentation.

もしご質問がありましたら、後ほど質疑応答のセッションの中で、回答させていただきます。

- If you have any questions, I'd be happy to answer them in a question and answer session afterward.

〈随時受け付ける場合〉

プレゼンの間でもいつでも質問してください。

- Please feel free to ask questions during my presentation.

Main Body

話を進める 🔘 38

○導入する

(わが社)の概要をお伝えすることから始めさせていただきます。

- Let me start by briefly introducing our company to you.
- I'm going to start with a brief overview of our company.
- Let me first tell you a little about our company.

○次のスライドに移る

では、次のトピック(「モバイルスピーカーマーケットはいかに魅力的なのか？」)に移りましょう。

- Now let's move on to the next topic: "How attractive is the mobile speaker market?"

では、(2つ目)のトピックに移りましょう。

- Now we're ready to discuss our second topic.

次に、(売り上げ落ち込みの3つの主な理由)についてお話しさせてください。

- Next, let me explain the three main causes of sales decline.

データについて述べる

○ **図表について説明する**　💿 39

左にある(棒グラフ)は、(生産コストが増加していること)を示しています。

- The bar graph on the left indicates that the production cost is increasing.

右の(円グラフ)が示しているのは、(われわれのアジアにおける市場シェア)です。

- The pie chart on the right shows our market share in Asia.

一番上の(図)が表しているのは、(システム内のデータの流れ)です。

- The diagram on the top represents the data flow in the system.

一番下の(写真)は、(タイの新工場のもの)です。

- The picture on the bottom is of our new plant in Thailand.

○今後の見通しについて述べる 🔘 40

…の市場規模は～と予測されている

- **The market size of** e-commerce **is projected to** be US$800 billion.

  (電子商取引の市場規模は8000億USドルと予測されている)

…の数は～と予測されている

- **The number of** newspaper subscribers **is projected to** decrease over the next five years.

  (新聞の購読者数は、向こう5年で減少すると予測されている)

…によると、～が期待される

- **According to** the latest market trend data from our experts, **we expect** the luxury goods market in China to grow at a solid pace.

  (専門家からの最新の市場動向のデータによると、中国の高級品市場は確実なペースで成長することが期待される)

専門家によると…

- **Experts estimate that** young consumers prefer online banking to traditional branch visits.

  (専門家によると、若い消費者は、昔ながらの銀行支店に行くよりもオンラインバンキングを好む)

言語行為に着目する

○描写の基本表現を使う　🔴 41

〜がある

- **There are** a lot of functions on our new tablet.
  (わが社の新しいタブレットにはたくさんの機能**がある**)

〜は…を提供します、…をお届けします、…を持っています、…をカバーします

- The online protection system **provides** complete security and privacy for users.
  (そのオンライン保護システム**は**、ユーザーのための完全な安全性とプライバシー**を提供している**)

- Its warranty program **covers** repairs and replacements of accessories.
  (その保証プログラム**は**付属品の修理・交換**をカバーしている**)

- The automaker **offers** a range of prices for the new car.
  (その自動車メーカー**は**その新型車に幅広い価格帯**を用意している**)

[主語]は…するのに〜だ

- The product **is** compact **to** carry and easy to use.
  (その製品は持ち運ぶ**のに**手軽で使いやす**い**)

○比較の基本表現を使う 🔊 42

〜よりも…だ〈比較級〉

- In terms of the work environment, company A is **better than** company B.

  (職場環境に関しては、A社の方がB社**より**いい)

〜の中で最も…だ〈最上級〉

- As for price, this is **the most** expensive **of all** the blenders.

  (価格に関しては、これがすべてのミキサー**の中で最も**高価だ)

〜の2倍の…、〜の3倍の…

- When it comes to business performance, our company has **double the** sales of company B and **triple the** sales of company C.

  (業績となると、わが社の売り上げは、B社**の2倍**、そしてC社**の3倍**ある)

〜の半分の…、〜の3分の1の…

- As to tuition, an online degree could be less than **half the** cost of traditional college education and less than **one-third the** cost of studying abroad.

  (授業料に関しては、オンラインの学位プログラムは、従来の大学教育費用**の半分**未満、留学費用**の3分の1**未満になり得る)

○**比較の役割を果たす表現を使う** 🔴 43

~と比較すると

- **Accessory retail sales are up 5% compared to** the same period last year.

 (昨年同期と比べると、アクセサリーの小売売上は5％アップしている)

一方で

- **On the other hand,** our new bags were well-received by customers.

 (一方で、わが社の新作バッグは顧客に好評だった)

~とは違って

- **Unlike** other mergers, it did not take so long for us to benefit from a synergy effect after the acquisition.

 (他社の合併とは異なり、わが社が買収後のシナジー効果を得るのに時間はそうかからなかった)

~とは違う

- Our shop's customer service level **is different from** others.

 (当店の顧客サービスレベルは他店と異なっている)

~とは対照的に

- **In contrast to** the rest of Japan, Tokyo has many international business headquarters.

 (その他の日本の地域とは対照的に、東京にはたくさんの国際企業の本部がある)

SがVな一方、S'はV'である

- **While** electronic money is widely used in major cities in Japan, paying in cash is still common in some rural areas.

  (日本な主要都市では電子マネーが広く使われている**一方で**、地方ではいまだに現金での支払いが一般的な地域もある)

直接的に提案する　44

こちらが〜についての私の提案です

- **Here is my suggestion[proposal/idea] on** reducing communication costs.

  (こちらが通信費の削減についての私の提案です)

〜してみてはどうでしょうか？

- **I'd like to suggest that** you consider donating food to the local community.

  (地元のコミュニティーに食料を寄付することを考え**てみてはどうでしょうか？**)

〜をお勧めします

- **I'd recommend that** your team work with a consulting firm.

  (あなたのチームがコンサルティング会社と一緒に取り組むことを**お勧めします**)

…するための最善の方法の1つは〜です

- **One of the best ways to** reduce cost is to go paperless.

  (コストを削減**する最善の方法の1つは**、紙を減らすことです)

～はどうでしょう？

- How[what] about holding an executive meeting to discuss this issue?
  (この問題を話し合うのに重役会議を開いてはどうでしょう？)

～しましょう！

- Let's make a list of our debts.
  (わが社の負債のリストを作成しましょう)

～するのはどうですか？

- Why don't we send out an announcement of the position?
  (そのポジションについて告知を出すのはどうですか？)

- Why don't you consult with us instead of worrying about it by yourself?
  (それについて独りで心配するのではなく、われわれに意見を求めるのはどうですか？)

○ **間接的に提案する** 45

～は役に立つでしょう

- The large display can be useful for medical purposes.
  (その大型ディスプレーは医療用途で役に立つでしょう)

[条件で]〜できるでしょう

- **You can** use our customer support system anytime **as long as** you have access to the Internet.

  (インターネットへの接続環境が**ある限り**、いつでもわが社のカスタマーサポート制度を**ご利用になれます**)

〜から恩恵を得られるでしょう

- **You can benefit from** its new inventory control function.

  (その新しい在庫管理機能**から恩恵を得られるでしょう**)

〜はあなたが…する上で助けになるでしょう

- Our new touch panel **will help you with** its time-saving and intuitive operation.

  (わが社の新型タッチパネル**は**、**あなたが**省時間かつ直感的な作業を**する上で助けになるでしょう**)

〜はあなたが…するのに役立つかもしれません

- Our training program **could support you in** growing your business.

  (わが社の研修プログラム**は**、**あなたが**ビジネスを拡大させる**のに役立つかもしれません**)

Conclusion

プレゼンが終わりに近づいたことを告げる　46

さて、そろそろプレゼンテーションの終わりです。

- Now I'm reaching the end of my presentation.

本日お話しした主要なポイントを簡単にまとめます。

- Let me briefly summarize[recap] the main points I've talked about today.

Main Bodyで伝えた内容を要約する　47

まず、(スマートサウンド社は20年を超える歴史を誇る革新的なオーディオ機器メーカーであること)をお話ししました。

- First, I explained that Smart Sound Inc. is an innovative audio device maker with over 20 years of history.

次に、(モバイルスピーカー市場は成長を続け、大きなビジネスの機会をもたらしていること)をお伝えしました。

- Second, I showed you that the mobile speaker market continues to grow and offers great business opportunities.

最後[3つ目]に、(モビーサウンドには競争上の優位性と、幅広い使用用途があること)をご説明しました。

- Finally[Third], I explained that the Mobby Sound offers many competitive advantages and a wide variety of usages.

オーディエンスに期待するアクションを促す　● 48

○ **プレゼンの目的に立ち返る**

プレゼンの冒頭で、私は、皆さんは(日本経済)についてより理解できるようになるでしょうと言いました。

- At the beginning of my presentation, I said you would understand more about the Japanese economy.

冒頭で、私は、このプレゼンの終了後には(わが社の新製品が売り上げを向上させること)に皆さんが同意するでしょう、とお話ししました。

- When we started, I said that after my presentation, you would agree that our new product will improve your sales.

○**アクションを促す**

今や皆さんは(自尊心を高めることでチームにやる気を出させることが)できると信じております。

- Now I believe you can motivate your team by enhancing self-esteem.

最後に、(業界で最も急成長している企業の一社から利益を得るチャンスをあなたが逃す手はない)ということを強調したいと思います。

- In closing, I'd like to stress that you don't want to miss this chance to profit from one of the fastest growing businesses in the industry.

これから、皆さんに(このキャンペーン支援のための次の一歩を踏み出して)もらいたいと思っております。

- Now, I'm asking you to take the next step in your support for this campaign.

これから、皆さんに来年の製品価格を5%上げることを決断していただきたいと思っています。

- Now, I would like you to make the decision to increase the product prices by 5% next year.

私は、(文化遺産ツアーは経済的にも社会的にもポジティブな影響を持つものである)と確信しています。

- I'm convinced that cultural heritage tourism has a positive economic and social impact.

皆さんと一緒にお仕事することを楽しみにしております。

- We're looking forward to doing business with you.

皆さんにご賛同いただくことを楽しみにしております。

- I look forward to receiving your approval.

オーディエンスにお礼を言う　🔘49

どうもありがとうございました。

- Thank you very much.

ご清聴ありがとうございました。

- Thank you for your attention.

本日はご参加くださいましてありがとうございました。

- Thank you for joining us today.

本日は私のプレゼンにご参加くださいましてありがとうございました。

- Thank you for attending my presentation today.

Q&A

○ **Q&A に入る** 🔴 50

これから、質疑応答のセッションを(10)分間持ちたいと思います。

- Now we'll have a question and answer session for 10 minutes.

ご質問がございましたら、喜んでお答えさせていただきます。

- If you have any questions, I'd be happy to answer them.

どなたか何か質問がございますか？

- Does anyone have any questions?

○ **質問の意図を理解、確認する** 🔴 51

〈もう一度質問を言ってほしかったら〉
すみませんが、もう一度質問をおっしゃっていただけますか？

- I'm sorry, could you restate your question?

すみませんが、よく分かりません。もう一度おっしゃっていただけますか？

○ I'm sorry, I don't follow you. Could you repeat that please?

すみませんが、あまりよく聞こえません。もう一度言っていただけますか？

○ I'm sorry, I can't hear you very well. Could you say that again please?

彼にマイクを渡してもらえますか？

○ Can we get him a microphone?

〈質問の英語がどうしても聞き取れなかったら〉
もう少しゆっくりお話しいただけますか？

○ Could you speak more slowly?

もう少しやさしい英語でお話しいただけますか？

○ Could you speak in simpler English?

〈質問の内容を確認したかったら〉
私の理解が正しいか確認させてください。

○ Let me make sure I understand correctly.

私の理解が正しいか確認させてください。あなたが提案されているのは(デザインの変更)でしょうか?

- Let me see if I understand you correctly. Are you suggesting a design change?

あなたがおっしゃっているのは(Q社の買収がいつ完了するかを知りたい)ということですか?

- Are you saying you want to know when our acquisition of Company Q will be completed?

○**相手の質問を肯定的に認める** ● 52

ご質問ありがとうございます。

- Thank you for asking your question.

その質問[ポイント]を挙げてくださってありがとうございます。

- I'm glad you've raised that question[point].

それをわれわれにお話しいただきありがとうございます。

- Thank you for sharing that with us.

それは良いポイントですね。

- That's a good point.

(あなたが現在のライセンス契約を変えたくない)ということは分かります。

- I can see that you don't want to change the current licensing agreement.

○**質問に答える** ● 53

〈基本の答え方〉

その質問に対する答えはイエスです。なぜなら(会員はいつでも好きなときに施設を使える)からです。

- The answer (to that question) is yes, because our members can use the facility any time they want.

あなたの意見に同意します。というのは(その新しいイントラネットサイトはわれわれの仕事をやりやすくさせてくれる)からです。

- I agree with you because the new intranet site will make our jobs easier.

その質問に対する答えはノーです。これは単に(日本政府の規制)によるものです。

- The answer (to that question) is no. This is simply because of Japanese government regulations.

その答えですが「時と場合による」と思います。といいますのも（各支社の許容量は違います）から。

- I think the answer is, "It depends," because each regional office has different capacity.

〈すでに見せたスライドのどこかに立ち戻って説明をしたいとき〉
その質問には、（四半期の業績）に戻ってお答えするのが一番かと思います。

- I think I can best answer your question by going back to the quarterly business results.

その質問にお答えするのに、（製品の特長）に戻りましょうか。

- I think we can go back to product features to answer your question.

〈質問に答えた後、伝わっているかを確認したいとき〉
これで質問の答えになりましたか？

- Does that answer your question?

私の意味するところが伝わっていますか？

- Do you see what I mean?

〈回答を先送りにする〉

今日はその情報を持ち合わせておりませんが、必ず今週中にEメールでお送りいたします。ご連絡先をいただけますか？

- I don't have that information here today, but I'll be sure to email it to you by the end of this week. Could you give me your contact information?

不確かな情報をお伝えしたくないので、数日以内に返答させてください。

- I don't want to give you inaccurate information, so let me get back to you in a few days.

今すぐ思い出せないのですが、調べて明日、返答いたします。

- I can't remember from the top of my head, but I'll find out and get back to you tomorrow.

そのような情報は(経済産業省のウェブサイト)でご覧いただけます。Eメールでリンクをお送りいたします。

- You can get that sort of information from the Ministry of Economy, Trade and Industry's website. I can send you the link by email.

〈他の情報ソースに振る〉

(製品開発チーム)の(阿部)がその質問にお答えできると思います。

- I believe Mr. Abe in our product development team can answer that question.

どなたかそれについてお考えのある方、いらっしゃいますか？

- Does anyone have any thoughts on that?

〈質問がプレゼンの内容と関係がない、または、その場で話し合うのに適していないとき〉

あいにく本日は、そのトピックについて話し合う時間はないのですが、もしよろしければ、情報をお送りします。

- I'm afraid we don't have time to discuss that topic today, but I'll be happy to send you some information if you like.

ご指摘に感謝しますが、それは今日のプレゼンの範囲を超えたもののようです。

- Thank you for that point, but I'm afraid that's out of the scope of my presentation today.

○質疑応答を終わらせる 🔘 54

〈質問があまり出ないとき〉
これ以上質問がないようでしたら、この場を借りてあらためてお礼を申し上げます。

- If there are no more questions, I'd like to take this opportunity to thank you again.

〈時間が余っていて、もう少し質問を受けられそうなとき〉
他に質問はありますか？

- Any other questions?

あと、2、3、質問を受けられます。

- I can take a couple more questions.

あと1問お受けします。

- One last question.

〈時間がなくなって、もう質問を受けられないとき〉
残念ながら時間がなくなってしまいました。

- I'm afraid we are out of time.

申し訳ありませんが、それでQ&Aセッションは終わりです。

- I'm sorry, but that is the end of the Q&A session.

「しごとのミニマム英語」シリーズ③
英語のプレゼン　直前5日間の技術

発 行 日	2014年10月23日（初版）
	2016年 9月30日（第4刷）
著　　者	愛場吉子
編　　集	英語出版編集部

英文校正	Margaret Stalker
	Peter Branscombe
アートディレクション	山口桂子
本文デザイン	株式会社 創樹
本文イラスト	矢戸優人
撮影（スリーブ）	関 和代
ナレーション	Deirdre Merrell-Ikeda
録音・編集	株式会社メディアスタイリスト
CDプレス	株式会社 学研教育アイ・シー・ティー
DTP	株式会社 創樹
印刷・製本	シナノ印刷株式会社

発 行 者	平本照麿
発 行 所	株式会社アルク
	〒102-0073 東京都千代田区九段北4-2-6市ヶ谷ビル
	TEL:03-3556-5501
	FAX:03-3556-1370
	Email:csss@alc.co.jp
	Website:http://www.alc.co.jp/

落丁本、乱丁本は弊社にてお取り替えいたしております。
アルクお客様センター（電話:03-3556-5501　受付時間:平日9時
～17時）までご相談ください。
本書の全部または一部の無断転載を禁じます。著作権法上で認め
られた場合を除いて、本書からのコピーを禁じます。
定価はカバーに表示してあります。
製品サポート:http://www.alc.co.jp/usersupport/

©2014 Yoshiko Aiba / ALC PRESS INC.
Printed in Japan.
PC:7014065
ISBN:978-4-7574-2492-0

地球人ネットワークを創る

アルクのシンボル
「地球人マーク」です。